Christine Haiden (Hg.)

WIR GLÜCKSPILZE

Impressum

Bibliografische Information der Deutschen Nationalbibliothek
Die Deutsche Nationalbibliothek verzeichnet diese Publikation
in der Deutschen Nationalbibliografie; detaillierte bibliografische
Daten sind im Internet über http://dnb.d-nb.de abrufbar.

© 2014 Verlag Anton Pustet
5020 Salzburg, Bergstraße 12
Sämtliche Rechte vorbehalten.

Herausgeberin: Christine Haiden für die Welt der Frau VerlagsGmbH
Lektorat: Dorothea Forster
Grafik und Produktion: Nadine Löbel
Coverfoto: Alexandra Grill
Grafiken: Amalga. Mit Genehmigung von Shutterstock.com
Druck: Druckerei Theiss, St. Stefan im Lavanttal
Gedruckt in Österreich

ISBN 978-3-7025-0761-9

www.pustet.at

Christine Haiden (Hg.)

WIR GLÜCKSPILZE

Was wir von unseren Kindern lernen können

VERLAG ANTON PUSTET

Inhaltsverzeichnis

Vorwort

„Warum bist du heute ganz blau angezogen?", fragte mich meine fünfjährige Nichte Eva kürzlich. Ich war gerade von einer Festveranstaltung gekommen. „Weil es mir in der Früh gefallen hat, dass ich mich ganz blau kleide", erwiderte ich. „Du schaust aus wie der Himmel", meinte sie. Ich war gerührt. Wer wie ich keine Kinder hat, dem fehlt entschieden etwas. Das sollte man nicht schönreden. Umso größer die Freude, wenn ich mit den Kindern meiner Familie und Freunde mitleben kann.

Auch dieses Buch ist eine Form, am Alltag der Kinder anderer teilzunehmen: Autorinnen und Autoren der „Welt der Frau" erzählen von ihren Erfahrungen mit Kindern. Denn wir wollten die Sache auch einmal anders herum sehen. Nicht immer mit dem Anspruch, was Kinder von uns Erwachsenen lernen sollten. Nein, was lernen wir von den Kindern? Welche Sicht auf das Leben und das, was wirklich wichtig ist, vermitteln sie uns? Eine bunte Palette von Erfahrungen geben wir nun an Sie weiter. Fügen Sie Ihre eigenen Geschichten dazu, erzählen Sie diese sich selbst, Ihren Kindern und anderen Menschen. Es ist eine große Wertschätzung, jemandem sagen zu können: „Das habe ich von dir gelernt." Sollten wir das nicht öfter tun?

Übrigens habe ich von meinen Patenkindern viel gelernt. Zum Beispiel von Veronika, der Ältesten, dass man zu allen freundlich sein kann und sich von ihnen trotzdem nicht ins Bockshorn jagen lassen muss. Von Marieke, der Wienerin, dass es Geduld braucht, bis man seinen eigenen Weg findet. Von Maria, der Studentin, dass Spaß am Fortgehen und am Tanzen den Alltag mit links in Vergnügen wendet. Von Judith, der Achtjährigen, wie wichtig es ist, über Elementarereignisse sofort via Telefon zu berichten und sei es das Ausfallen des ersten Milchzahns. Und von Eva, dass Himmel und Erde durch ein sattes Blau verbunden sind. Danke, Mädchen!

Christine Haiden,
Herausgeberin, Chefredakteurin „Welt der Frau"

1. Kapitel

Anfangen für Anfänger

Das ist doch alles ganz natürlich!

Monika Krautgartner

Manchmal muss man als Mutter klar sagen,
was man vom Nachwuchs will. Dann hat man gelernt,
wie man verstanden wird. Pressen! Und los!

Es gibt viele Gelegenheiten, die einen etwas lernen lassen. Man kann sich zum Beispiel einen Krimi anschauen und danach resümierend feststellen, dass es besser ist, auf dem Pfad der Rechtschaffenheit zu bleiben, weil man a) meistens erwischt wird, wenn man etwas anstellt, und b) ein Leben als Berufsverbrecher gar nicht so schillernd ist, wie man gemeinhin glaubt. Oft ist es nicht nur nicht schillernd, es ist auch noch kurz, wie viele Krimis beweisen.

Man kann im Kaffeehaus etwas lernen. Wer ein Stück Kuchen isst, hat etwas Feines genossen, wer zwei oder drei Stück Kuchen isst, wird mit saurem Aufstoßen und schlechtem Gewissen bestraft.

Manche behaupten sogar, dass man aus Büchern etwas lernen kann. Ich persönlich ziehe das Leben als großes Lehrbuch vor, schau mir da und dort etwas ab und nehme tanzend im Vorbeigehen mit, was mir brauchbar erscheint.

Die bescheidensten Offerte, was den Zugewinn an Wissen oder Können betrifft, unterbreitete mir die Schule. Und auch von meinen Kindern habe ich nichts gelernt, rein gar nichts.

Vielleicht, weil ich bildungsresistent bin, vielleicht aber auch, weil ich der Meinung bin, ICH bin die, die lehren sollte, und nicht der kleine Zwerg an meiner Hand, dem die Salzgurke aus der Semmel rutscht. Ich räume aber gerne ein, ein Sonderfall zu sein, möglicherweise sogar ein genetischer Irrläufer. Bei mir ist immer alles ein bisschen anders als bei anderen. Na und?

Und manchmal stand mir sogar schon das Wasser bis zum Hals. Zum Beispiel, als ich meinen Schwimmteich durchwatete, um die Seerosen nach Schnecken oder Wasserläuferlarven abzusuchen. Oder damals, damals als ich meine Tochter bekam.

Entbindungen in der Badewanne waren der große Hit unter den jungen Frauen in den Achtzigern, ganz freakig und ganz modern. Und weil meine Mutter, als ich ihr vom Angebot, in der Badewanne zu entbinden, erzählt hatte, einen Entsetzensschrei ausstieß, sagte ich zu und sprang in die Entbindungswanne.

Ja, ich erinnere mich, auch damals stand mir das Wasser dann bis zum Hals. Wenn auch vieles schon etwas nebelhaft ist, schließlich liegt diese Entbindung über 30 Jahre zurück, an die Wanne erinnere ich mich noch gut. Vor allem an das Plätschern. Und auch das hektische „Pressen! Pressen!" der Hebamme ist mir noch bestens geläufig und dass ich sie am liebsten an der Gurgel gepackt und ebenfalls in die Wanne gezogen hätte. Natürlich mit dem Kopf unter Wasser, damit sie den Mund nicht mehr aufbekäme.

„Pressen! Pressen!"

Als wäre das alles, woran man in so einer Gynäkologiewanne denkt. Viel wichtiger erschien mir nach drei Stunden Wehen und einem Krampf in der Wade, ob ich nicht am Rücken ein Wasserekzem bekommen würde nach der langen Verweildauer im Feuchtbiotop oder ob meine Füße, die so aufgequollen waren, dass mir spielend die Turnschuhe meines Bruders gepasst hätten, je wieder auf Pumps-Tragegröße trockenschrumpfen würden.

Ich beobachtete zwischen den Schmerzphasen meine Zehen, sofern sie in Blickreichweite waren, und kontrollierte hysterisch, ob mir nicht als Krönung im Gyno-Becken Schwimmhäute zwischen diesen wuchsen.

Lagen alle Frauen, die in der Wanne ihr Kind bekommen wollten, so lange in dieser herum?

Verlangsamte das warme Wasser am Ende den Entbindungsverlauf? Ich dachte einen schrecklichen Moment lang darüber nach, ob nicht diese kleine Tochter, die mit so viel Getue und einer Bademeisterin als Hebamme in die Welt begleitet wurde, längst da wäre, läge ich auf dem Buckel in einem Bett und hätte lediglich die Beine angezogen. Trocken und in ein getupftes Spitalsnachthemd gehüllt.

Nach fünf Stunden Wehen stellte ich mir die Frage, was in mich gefahren war, das mich veranlasst hatte, in diese widerliche Wanne zu steigen, und nach sechs Stunden Wehen rief ich, als die sprachlich anscheinend sehr einseitig begabte Hebamme wieder „Pressen! Pressen!" rief, nach meiner Mama.

Diese tauchte dann auch auf und sagte, wie erwartet: „Ich habe dir ja gleich gesagt, dass das nichts ist! So kriegt keine anständige Frau ein Kind."

Mir war inzwischen alles recht, der mütterliche Tadel kam wie gerufen, strahlte er doch Normalität und Alltag aus, ich jammerte und hing wie ein halbtoter Karpfen in meinem angeblich entspannenden, handwarmen Wasser mit Lavendelduft.

Ich war fertig mit der Welt. Diese kleine Maus in meinem Bauch machte aus mir eine völlig andere Frau, glitschig wie ein Wesen aus dem Sumpf und wehleidig.

Was auch immer an Angeboten und ermunternden Zurufen von Hebamme und Helferin kam – ich wollte aus dieser Wanne heraus und hätte ich mich wie ein gestrandetes Walross über die Kante rollen müssen.

Nachdem meine Mutter der Hebamme erzählt hatte, dass ich als kleines Mädchen schon stur so lange die Luft anhalten konnte, bis ich blau angelaufen war, nur um den Stoffschlumpf aus der Auslage zu bekommen, beschloss das Krankenhauspersonal, mich für die noch verbleibende Entbindungsphase aus meiner Wanne zu manövrieren und auf eine Bahre zu betten.

Ein Gedankenblitz tauchte in mir auf, dass auf solchen Bahren die Leute in die Prosektur geschoben werden und mich die Hebamme vielleicht auf diese Art entsorgen wolle, weil ich ihr die viele Arbeit mit der Wanne gemacht hatte, in der ich dann eh nicht blieb. Doch ich verwarf diesen finsteren Auswuchs meiner strapazierten Nerven schnell wieder.

Sie mussten mich ohnehin erst einmal aus diesem Riesenschaffel herauskriegen, die Hebamme, die Schwester und die Schwesternschülerin.

Man würde gar nicht für möglich halten, wie schwer so ein schwangerer Frauenkörper nach sieben Stunden im Wasser wird!

Die Hebamme bediente sich des Rautegriffes und rutschte fluchend immer wieder an meinem glitschigen Magen ab, die Schwester nahm das linke, die Schwesternschülerin das rechte Bein, und hätte nicht meine Mutter tatkräftig einen Armhebel unter meine Nieren gesetzt, läge ich wahrscheinlich heute noch in der Entbindungswanne.

Heraußen, so stellte ich ernüchtert fest, war es um nichts angenehmer. Da die Restfeuchte an meinem Körper erst auftrocknen musste, war mir auch noch kalt.

Meine Mutter versuchte mich aufzuheitern, indem sie mir Entbindungshighlights meiner Tanten und Cousinen schilderte.

Von Tante Poldi, deren Sohn auch nach 20 Stunden Kreißsaal nicht kommen wollte, was letztendlich ein Notkaiserschnitt wurde. Und zum x-ten Mal erzählte sie die Geschichte von Cousine

Klaras Baby, das der Hebamme aus der Hand geglitten und auf dem Spitalsfußboden gelandet war. Es sei dabei gottlob nichts passiert. Genauer gesagt, dem Baby sei nichts passiert, denn Cousine Klara sprang in nicht erwarteter Behändigkeit vom Entbindungsbett und verpasste beinahe zeitgleich der Hebamme ein Veilchen.

Meine Hebamme, die Krankenschwester und die Schülerin warfen sich bei Mutters Erzählungen bedeutungsvolle Blicke zu und ich schämte mich. Ich dachte daran, dass die Hebamme nun ja bald zum Dammschnitt ansetzen und vielleicht von den Erzählungen meiner Mutter aufgewühlt eine zittrige Hand haben würde.

„Mama, sei still", forderte ich, woraufhin sie beleidigt „Wieso? Das ist doch alles nur natürlich", sagte. Dann mümmelte sie auch noch so was Ähnliches wie „Das hat man davon, dass man das Kind aufheitern will. War als Kind schon immer so undankbar" in ihren Bart, den sie seit dem Wechsel nur mit Mühe in Schach hält.

Von Mutters Ausführungen über die Entbindungen meiner weiblichen Familienangehörigen aus drei Generationen blieb nicht viel bei mir hängen, außer dem trostreichen Wort „Notkaiserschnitt". Ich fragte meine Hebamme, ob wir einen solchen nicht in Erwägung ziehen sollten, um das schmerzvolle Entbindungsprocedere nun doch endlich seinem Finale entgegenzutreiben.

Die Hebamme versicherte mir, dass das bei Weitem nicht notwendig wäre, wir gut im Rennen lägen und alles normal verliefe. Es könne jetzt nicht mehr so lang dauern, höchstens drei bis vier Stunden.

Ich schnappte sie am Schwesterntrachtausschlagkragen und zog sie nah an mein Gesicht heran. Sie sollte den Wahnsinn in meinen Augen ruhig sehen.

„Was sagen Sie da?", fauchte ich. Ich war mit den Nerven schon ziemlich am Ende. Sie relativierte die angegebene Restzeit und sagte, es könne durchaus auch in zehn Minuten alles vorbei sein.

Während der nächsten Wehe sah ich sie heimlich telefonieren. Ich hoffte auf ein spätes Einsehen und auf ein OP-Team.

Doch statt der erhofften Kaiserschnittgruppe kam die Spitalsseelsorgerin, die sich mit salbungsvollem Händeringen und einem extrem abstoßenden Lebkuchenpferdelächeln an mein Bett stellte. Sie sagte „liebes Kind" zu mir und versuchte meine Wange zu tätscheln. Ich biss sie, nannte sie eine Blunze und erklärte ihr, dass ich gewiss nicht ihr Kind wäre, allein schon weil ich nicht schielen würde und die Anrede „lieb" für das Kind in mir auch nicht passend wäre, weil ein Kind, das sich so lange mit dem Zur-Welt-Kommen Zeit lässt, gewiss kein liebes Kind, sondern im besten Fall ein bockiges Kind ist.

Ich hoffte, dass mein kleines Töchterchen in seinem Geburtskanal den kleinen Anflug von Gereiztheit hören und sich beim Weitergleiten etwas mehr Mühe geben würde.

Die Seelsorgerin gab sich noch nicht geschlagen und erzählte von Gottes Plan und dem Urvertrauen ins Leben. Ich fragte sie, ob sie schon einmal ein Kind bekommen hätte, was sie lächelnd verneinte. Aber einen Rückführungskurs habe sie einmal gemacht und dabei hätte sie die eigene, wunderbare Geburt wieder erleben dürfen. Es wäre wunderschön und ganz einfach gegangen, weil ihre Mutter eine überaus positive Einstellung zum Entbindungsschmerz gehabt hätte.

Bevor sie mir auch davon noch erzählen konnte, warf ich sie hinaus. Hebamme, Schwester, Lernschwester und Mutter verhielten sich ruhig, um mich nicht weiter zu reizen. Trotz meiner misslichen Lage funktionierte meine scharfe Zunge und auch mit dem gestreckten Bein konnte ich jederzeit ausfahren und eine fremde Niere treffen.

Ich war mit meinem Latein am Ende und fragte mich, ob alle jungen Mütter so elend bei der Geburt ihrer Kinder herumhingen. Dass diese Sache kein Besuch am Ponyhof werden würde, war mir klar gewesen, nicht nur durch die ermunternden Erzählungen meiner weiblichen Verwandten. Aber dass es ein derartiger Kraftakt sein würde, schockte mich schon.

Ich wusste nicht mehr recht weiter, wurde ängstlich und hatte das Gefühl, dass mir die Dinge aus der Hand glitten. Die Hebamme mit ihrem „brav" und „ganz super" raubte mir den letzten Nerv, sie redete auf mich ein wie auf einen alten Hund, der sein Stöckchen bringt.

„Ich bin nicht brav", keuchte ich feindselig.

„Oh ja, Sie sind auch nicht brav", gab sie mir recht, „Sie sind nicht brav, nicht freundlich und nicht dankbar, aber ich helfe Ihnen trotzdem, dieses liebe kleine Mädchen zu bekommen."

Mit Engelszunge redete sie auf mich ein.

Ihr Redeschwall lenkte meine Gedanken auf das kleine Mädchen, das ja doch irgendwann irgendwie das Licht der Welt erblicken würde, mein kleines Mädchen. Ich wusste mit dem sicheren Instinkt einer Vollblutmama, wie es aussehen würde, das kleine Mädchen, wie schön, weich, rosig und unvergleichlich bezaubernd es sein würde. Eine Susi würde es sein, auch das wusste ich längst.

Mit der ganzen Liebe meines Herzens dachte ich an dieses kleine Mädchen und plötzlich wollte ich diesem zeitraubenden Kampf ums Licht mit aller Kraft ein Ende setzen.

Beherzt nahm ich das Ruder wieder in die Hand. „Mädchen", sagte ich streng und versank in einem Inferno aus Schmerz und Pressen, „Mama will jetzt, dass du zur Welt kommst. Hopp jetzt und keine Widerrede."

Tja, und was soll ich sagen?

Eine halbe Stunde später lagen wir proper gewaschen in einem AC/DC-T-Shirt in unserem Zimmer und schauten uns immerzu an.

Das kleine Mädchen rülpste leise vor dem Einschlafen und ich dachte gerührt: „Noch so klein und schon ganz die Mama!" Ich lehnte mich selig zurück und blickte zum Fenster hinaus. Der Himmel schuf als Kulisse für dieses Idyll ein Abendrot, wie ich es schöner noch nie gesehen hatte.

„Das hat der liebe Gott zu deiner Begrüßung gemacht, kleine Susi", flüsterte ich ihr ins Ohr.

Noch heute halte ich inne im Abendrot, nehme mir die Zeit, um an unsere erste gemeinsame Nacht im Spitalsbett zu denken, und kann mir noch immer nicht erklären, wie so viel Liebe zustande kommen kann.

Monika Krautgartner ist als freie Schriftstellerin und Autorin zahlreicher Bücher bekannt. Die Oberösterreicherin liebt es humorvoll und gerne auch im Dialekt. Ihre beiden Kinder sind inzwischen erwachsen, Tochter Susi macht sie demnächst zur Großmutter.

Drei Kinder – vier Lehrstücke

Silvia Habringer-Hagleitner

Mit jedem Kind kommt etwas Neues ins Leben,
unverwechselbar, nicht mehr zu vergessen.
Jedes lehrt seine Eltern anderes.

Lehrstück eins:
Rund um Kinderwunschfrage und Schwanger-Werden

Mit 17 wollte ich gern vier bis sechs Kinder bekommen. Schon damals haben mich Kinder fasziniert: Meine Jungscharmädchen habe ich zum Beispiel jedes einzeln fotografiert, in jedem von ihnen entdeckte ich etwas Besonderes. Mit dem Studium und der Aussicht auf einen interessanten Beruf wurde ich aber plötzlich vorsichtig: Ich genoss meine Freiheit und Unabhängigkeit, ich liebte es, Pläne zu schmieden und umzusetzen, zu Vorträgen und Kongressen zu reisen, egal wie lange die Zugfahrt dauerte. Ich genoss die Möglichkeit, viele Menschen kennenzulernen und mit Verstand und Willenskraft beruflich weiterzukommen. Mir war klar: Die Entscheidung für Kinder würde all das radikal beschränken. Noch tiefer aber saß da plötzlich die Angst vor Selbstverlust. Und die war nicht unbegründet.

Mit der Schwangerschaft kam ich in andere Umstände, die mir bislang fremd waren: Jemand rückte mir nahe wie nie zuvor, wohnte in mir und veränderte mich von innen her. Mein Selbstbild von der schlanken, dynamischen und unabhängigen Frau musste einem anderen weichen. Plötzlich wollte ich Schweinsbraten und meine

Arbeitskollegen staunten über meinen Appetit. Ich wurde rund und weich und manchmal weinerlich und jedenfalls tief berührbar. Ich spürte, dass mein Lebenswille, meine Hoffnung, mein Lebensmut sich enorm steigerten – trotz Übelkeit und diverser anderer kleiner Beschwerden. Mir schien, dass diese Kraft von dem kleinen Wesen in mir ausging, welches da leben wollte. Nie zuvor war ich aber auch so gelassen und ruhig wie in der Schwangerschaft: als hätte ich die Kraft von zwei. Ich liebte das kleine unbekannte Menschlein in mir sofort und doch war es mir fremd. Zu dieser Zeit, das Kind sollte im Dezember auf die Welt kommen, lernte ich, was Advent bedeutet: zu warten auf jemanden, voll Sehnsucht, nicht wissend, wer kommen wird, wie er/sie sein wird, wie das Leben mit ihm/ihr sich gestalten wird. Vertrauen lernen, hoffen und wieder hoffen, gegen alle Sorge und Angst, es könnte nicht gut ausgehen mit mir und dem Kind. Ich bekam Hochachtung vor allen Frauen und Männern, die sich auf dieses Abenteuer einlassen: Es ist ein Akt des Vertrauens und Zulassens, des Sich-in-Anspruch-nehmen-Lassens von einer unbekannten Größe.

Lehrstück zwei:
Der erste Sohn: Mit Leidenschaft, scharfem Blick und
Weisheit den eigenen Weg gehen

Unserem ersten Kind gaben wir (nach demokratischer Abstimmung) den Namen eines Engels: Raphael, der Wegbegleiter des reisenden Tobias. Rapha-el, das bedeutet: Gott heilt. Schon mit dieser Namensgebung haben wir wohl mehr oder weniger unbewusst verschiedene Hoffnungen in dieses erste Kind gelegt. Dass Kinder in gewisser Weise immer Engel für ihre Eltern sind, darin waren wir uns unausgesprochen einig. Dementsprechend euphorisch haben wir ihn auch bei uns aufgenommen. Die Euphorie war – zumindest bei mir – bald durchbrochen von Erschöpfung. Die sechs

Monate des Stillens erlebte ich als Zeit der Begrenzung, der Über-eignung meines Körpers an mein Kind. Es war eine Zeit der Hingabe, die mich Kraft und Energie kostete. Ich hatte das Gefühl, das Kind ernährt sich nicht nur von meinem Körper, sondern auch von meiner psychischen Energie. So sehr ich mein Kind liebte – und nie zuvor empfand ich eine solche bedingungslose Liebe zu jemandem! –, meine Hingabefähigkeit, das spürte ich deutlich, war doch begrenzt. Meine Lebenslust schwand immer mehr, während mein Kind gedieh. Mir fehlte der regelmäßige Kontakt zur Erwachsenenwelt, mein gewohntes Leben als berufstätige Frau, die frei und selbstständig über ihre Zeit und ihre Projekte verfügen kann. In meinen Tagebuchaufzeichnungen von damals zeigt sich ein ständiges Neben- und Ineinander von Freude, Begeisterung, Glück und Stolz einerseits, von Müdigkeit, Angst, Anstrengung, Sorge und auch Verzweiflung andererseits. Die Tatsache, dass mit der Geburt ein im Grunde noch unbekanntes Wesen in die Familie kommt, führte mich, wenn ich den Kleinen betrachtete, zu der neugierig-ungeduldigen Frage: Wer bist du? Was fühlst du? Was sind deine Spezialitäten, deine Charakterzüge? Es begann eine für mich spannende Entdeckungsreise in Bezug auf die Eigenarten und Wesenszüge dieses Kindes, die bis heute nicht abgeschlossen ist und weiter andauern wird. Auf alle Fälle war das erste Kind für uns etwas Besonderes und sicherlich bin ich so mancher Freundin auf die Nerven gegangen mit meiner Euphorie und Erzähllust, was die Entwicklung von Raphael betraf. Er verzückte mich mit seinen Ideen, seiner eigenwilligen Ausstrahlung und Energie und brachte mich gleichzeitig regelmäßig auf die Palme.

Meine ohnehin schwach ausgebildete Geduld und Nachsicht strapazierte er in den frühen Jahren enorm. Das war wohl die erste Lektion, die mir Raphael erteilte: Zu einem Leben in Fülle gehören immer beide Seiten: Lachen und Weinen, Zärtlichkeit und Aggression, Nähe und Abgrenzung, Glück und Verzweiflung, Freude und Sorge. Vielleicht ist es kein Zufall, dass er mich schon im zarten Alter von 14 Monaten nötigte, ihm die Geschichte mit Jesus am Kreuz zu erzählen. Immer wieder deutete er auf Kruzifixe und wollte wissen, was es damit auf sich hat. Ich drückte mich zuerst, das ist kein Thema für Windelkinder, dachte ich. Natürlich ließ er nicht locker, bis ich ihm sagte, das sei Jesus und der habe am Kreuz Schmerzen gehabt. „Jesas aua, Dotta!", lautete sein Kommentar. Übersetzt: Jesus braucht einen Arzt. So viel hatte er bis dahin in seinem Leben schon gelernt: Wenn Schmerzen auftauchen, gehen wir zum Arzt und der kann helfen. Sein nüchtern-konkretes Denken hat mich über die Jahre hinweg immer wieder herausgefordert. Mit vier Jahren etwa beschäftigte ihn – wie übrigens viele Kinder in diesem Alter – die Frage, warum man „den Gott" nicht sehen könne. Ich meinte, man könne ihn zwar nicht sehen, aber vielleicht manchmal spüren – wenn wir uns sehr freuen zum Beispiel. Das schien ihn wenig zu beeindrucken, denn er meinte: „Ach, hättet ihr mich halt Gott getauft, dann könnte man ihn jetzt sehen in der Welt!" Gott stellte er sich also vor wie einen Menschen, der sich nur unverständlicherweise nicht blicken lässt. In meinen Diskussionen und Auseinandersetzungen mit Raphael, die bis heute (im Moment ist er 16) andauern, lerne ich immer wieder dazu. Gerade auch dann, wenn er mich direkt kritisiert und mir einen Spiegel vorhält: „Hör auf so herumzustressen! Verlorengegangenes ist immer irgendwann wieder aufgetaucht!" oder: „Mama, du bist echt kaufsüchtig, Schluss jetzt! Mach keine übereilten Einkäufe!" Kein Kuschelkurs, den er mit mir fährt, aber von ihm kann ich solche Korrekturen annehmen.

Was ich durch das Leben mit Raphael aber am allermeisten gelernt habe ist, dass es sich lohnt, eine Leidenschaft zu haben. Sein erster und häufigster Satz mit etwa 15 Monaten lautete: „Wo is da ba?!" (Wo ist der Ball!?) Mit zweieinhalb Jahren erklärte er mir: „Mama, Fußball is mei Leben!" Und so ist dies geblieben bis zum heutigen Tag. Alles, was mit Fußball im engeren und weiteren Sinn zusammenhängt, zählt zu seiner Domäne: vom Selber-Trainieren und Spielen in einer Mannschaft über die Gründung eines Fanclubs für den örtlichen Verein und die Pflichten eines Platzsprechers bis zu journalistischen Tätigkeiten auf der Fanplattform seines Lieblingsvereins oder dem Erstellen von Fußballmannschaften für Computerspiele. In der Beobachtung seines leidenschaftlichen und intensiven Tuns wurde mir eines klar: Expertenschaft erzielt man durch jahrelanges Dranbleiben an einem Thema, durch immer wieder neue Zielsetzung innerhalb dieses Themenfeldes und durch intensive Vernetzung mit anderen Experten. Wenn ich einmal geglaubt habe, Fußballfans seien gewissermaßen beschränkt, so bin ich nun eines Besseren belehrt: Durch die Auseinandersetzung mit diesem Gebiet lassen sich Geografie, Geschichte, Wirtschaftskritik, Journalismus, Großgruppenkommunikation, Ritualkunde, Religion, Englisch, Computerkenntnisse u.v.m. erlernen.

Unser letztes intensiveres Gespräch führten wir gestern, als ich mit ihm vom Arzt heimfuhr, weil er aufgrund einer schmerzhaften Zerrung am Fuß (beim Fußballtraining zugezogen) nicht mehr gehen konnte. „Gut, dass es nur am Fuß ist", meinte er, „blöd wäre es an den Händen. Das denk ich mir oft: Solange ich noch mit den Fingern den X-Box-Kontroller bedienen kann, kann ich mich mit anderen sportlich messen, wenigstens am Computer. Aber wenn das auch nicht mehr gehen würde … na, dann käme ich wenigstens im Rollstuhl im Stadion ganz in die vorderen Reihen und wär ganz nah am Spiel dran." Das kann ich immer wieder bei ihm lernen: Wenn eine Sache nicht so läuft, wie er es sich gewünscht hat, dann findet er für sich sehr rasch eine gute Alternative. Hindernisse sind für ihn kein Grund, die Lebenslust zu verlieren, nur ein Anlass für neue Ideen.

Lehrstück drei:
Die erste Tochter: Sonnenblume und die Würde der Zerbrechlichkeit

Es war ein ungewöhnlich heißer Sommer, ein Sonnenblumensommer, als ich das dritte Mal schwanger wurde. Die zweite Schwangerschaft, ein halbes Jahr zuvor, hatte zu meinem großen Leidwesen nur sechs Wochen gedauert. Um diesen Schmerz bewältigen zu können, war ich eine Woche weggefahren. Alleine konnte ich ungestört trauern. Was ich ohnehin immer schon wusste und akzeptierte, erfuhr ich nun am eigenen Leib: Für ein Kind bereit zu sein, heißt noch lange nicht, auch eines bekommen zu können. Und als sich nun im Juli 2003 zeigte, dass wir wieder ein Kind erwarteten, war unsere Freude riesig. Nach den ersten zwölf Wochen sagten wir es unserem „Großen", er war zu dieser Zeit fünf Jahre alt. Seine Freude war voll Wärme und Stolz und er erzählte im Kindergarten und allen guten Bekannten, dass er nun Bruder werde. Er malte und bastelte an Bilderbüchern für das Baby. Sieben solche Bücher wurden es. Ich war glücklich und es war eine wunderbar harmonische Zeit in unserer Familie. Eine warme, orangenfarbene Sonnenblumenzeit. Es wären mehr Bilderbücher geworden, hätte ich nicht in der 20. Schwangerschaftswoche bei der Routineuntersuchung erfahren, dass das Kind in mir nicht mehr lebte. Einleitung der Geburt, der Wehenschmerz wie ein Segenszeichen, dass es um ein richtiges Kind geht, Angst vor dem Kreuzstich, Zangengeburt, schließlich das tote winzige Wesen auf dem Schoß nicht mehr streicheln können, weil es schon Verwesungsspuren hatte und die Haut abging bei Berührung. Meine kleine Tochter Mirjam mit durch eine Hasenscharte entstelltem Gesicht und wunderbar feinen langen zarten Fingern. Trisomie 13 – so ergab die genetische Untersuchung. Wenn ich früher dachte, eine Totgeburt sei etwas ganz Schlimmes, was einer Frau passieren könne, dann stand für mich jetzt die Würde des Geschehens, das Heilige des Erlebens im Vordergrund. Das ist meine Tochter, sie hat uns sehr viel an Glück gebracht, auch wenn sie nur so kurz bei uns auf Erden war! Wir haben zwei, eigentlich drei Kinder. Und die gehören mitgezählt, sie haben eine wichtige Bedeutung für uns. Bedauern und Mitleid habe ich in dieser Zeit schlecht vertragen, weil ich sie nicht stimmig gefunden habe zu meinem Erleben.

Mirjams Tod hat mich dazugebracht, mich mit Abschlussenergie an die Habilitation zu setzen. Die bei einem solchen Projekt oft auftauchenden Selbstzweifel, ob das Geschriebene und Erarbeitete wohl gut genug seien, wurden durch Mirjams Stimme beständig zum Schweigen gebracht: „Mama, stress dich nicht! Du weißt, das Fragmentarische ist heilig!" Das habe ich mit und von Mirjam gelernt. Die Würde und das Heilige des Fragmentarischen, des Nicht-Gesunden und Nicht-Perfekten sehen und verehren zu können. Es ist integrierter Bestandteil unseres menschlichen Lebens, es gehört einfach dazu, alles andere ist Lüge und Halbwahrheit.

Lehrstück vier:
Der zweite Sohn: „Mama ich hab dich lieb!" Die Welt umarmen lernen
Nach den Erfahrungen mit der zweiten und dritten Schwangerschaft kämpfte ich mit der Frage, ob ich nicht inzwischen für das Kinderkriegen zu alt war. Es brauchte einige Ermutigungen von außen und eine Portion Gottvertrauen, aber dann war es so weit und ich war von Beginn an glücklich in der vierten Schwangerschaft. Die Übelkeit war enorm und ich nahm sie als Zeichen, dass alles gut gehen würde. So war es auch. Im April 2006 konnten wir

Benedikt willkommen heißen: Rundbackig war er und 56 cm groß. Schnell zeigte er uns, was er bevorzugte: Nähe, Nähe und wieder Nähe, und das vor allem nachts. Von Beginn an war er ein fröhliches, kontaktfreudiges Wesen, das schon bei seiner Taufe durch zufriedenes Lächeln die Herzen der Verwandten eroberte. Er konnte früher sprechen als laufen und wenn ich ihn wickelte, strahlte er mich an und sagte: „Du liiiebe Frau!" Er versteht es, mich zum Lachen zu bringen mit seinen Liebesbekundungen. Auch die Oma und die frühere Babysitterin kamen in den Genuss solchen Minnesangs. Bennis Lebensenergie zeigt sich im Finden und Auskosten von Freundschaften. Ganz leicht kann er mit anderen mitschwingen, er muss nicht im Mittelpunkt stehen. Es gibt nur einen Punkt, da hört bei ihm der Spaß auf: wenn einer seiner Freunde kritisiert wird. Bei ihm lerne ich, dass es sich mit einem weiten Herzen für andere leichter leben lässt. Einer seiner Freunde gerät manchmal in große Wut und wird dabei gewalttätig gegen Kinder und Erwachsene. An Benni hat er seine Wut noch nie ausgelassen: „Ich weiß schon, was ich nicht sagen darf. Und wenn er meinen Hausschuh wegschmeißt, dann hol ich ihn mir einfach wieder." Gelassenheit und die Fähigkeit mit den unterschiedlichsten Kindern auf je individuelle Weise in Kontakt kommen zu können, das scheint seine Stärke zu sein.

Einmal erzählte er mir von einem Freund, der einen eigenen Fernseher im Zimmer hat und immer fernsehen kann, wenn er will. Um ihn von der Idee abzubringen, das könnte auch für ihn eine Option sein, meinte ich: „Weißt, die Eltern von deinem Freund wissen wahrscheinlich nicht, dass das gar nicht gut ist für Kinder." „Hör sofort auf!", rief er. „Du sagst was Böses über seine Eltern!" Ich habe diese Kritik angenommen. Er hat recht, es steht mir nicht zu, solche Urteile über Leute zu fällen, die ich gar nicht näher kenne. Die

Weite und Offenheit, die Benni für andere hat, muss ich mir erst erarbeiten. Mein Glück ist, dass Benni auch mich nimmt, wie ich bin. Kein Mensch zuvor hat mir so oft gesagt, dass er mich lieb hat, wie er. Tag für Tag höre ich das von ihm und mir wird deutlich, wie intensiv Kinder lieben können. Zeichnungen vor der Wohnungstür an Abenden, an denen ich spät nach Hause komme, Briefe auf meinem Kopfpolster „Schlaf gut, Mama! Und vergiss mich nicht! Dein Benni", kleine Muscheln oder Blumen – immer wieder beschenkt er mich und zeigt mir auf vielfältige Weise seine Zuneigung. Dabei ist er ein Freiheitsgeist, der liebend gern die Wohnung verlässt, um mit seinen Freunden stundenlang draußen zu spielen. Auch für die Freunde weiß er immer, welche Geschenke passen könnten zum Geburtstag oder wenn er sie zu Hause besucht. Soziale Sicherheit – vielleicht ist es das, was ihn auszeichnet und was ich von ihm lernen kann. Er traut sich anderen zu und er traut sich offen zu sein für andere. Woher er das hat? Vielleicht aus der Tatsache, dass er mit übergroßer Freude in diesem Leben willkommen geheißen wurde: als großes Geschenk nach einer Zeit der Dürre. Ich weiß es nicht, es ist auch nicht wichtig. Wichtig ist, dass er andere froh macht und selber dabei froh ist.

Silvia Habringer-Hagleitner lehrt als Religions-pädagogin an der Pädagogischen Hochschule der Diözese Linz. Für „Welt der Frau" schreibt sie seit zwei Jahren die Kolumne „Kinder und Glaube". Sie lebt mit ihrem Mann und zwei Söhnen in Walding bei Linz.

Marie und die Opa-Schachtel

Julia Langeneder

*Wie sich zum Bedürfnis nach Freiheit und Selbstbestimmung
das Gefühl, im richtigen Leben angekommen zu sein, gesellte.*

Den beißenden Geruch des Desinfektionsmittels werde ich nie vergessen. Auch nicht die vielen Schläuche an seinem Kopf. Der halboffene Mund mit der Zahnlücke im Unterkiefer. Den Zahn müssen sie ihm wohl beim Intubieren ausgeschlagen haben. Er hatte so schöne, kräftige Zähne. Ich habe daran gedacht, dass er nun zum ersten Mal einen Zahnersatz brauchen wird, mit 66.
Der neue Zahn war nicht mehr vonnöten und das Geburtstagsgeschenk, das ich bereits bestellt hatte – irgendetwas für seine Modelleisenbahn –, ging retour. Mein Vater starb acht Tage vor seinem 67. Geburtstag. Er fiel auf der Straße um. Sein Kopf schlug ungebremst auf dem Asphalt auf, ich stand daneben. Es folgten 16 Tage Intensivstation. Diagnose Schädel-Hirn-Trauma. Bangen, Hoffen, Verzweifeln – alles nacheinander und manchmal auch alles zugleich. Bald werden es fünf Jahre sein, dass mein Vater gestorben ist, und ich habe viele Details vergessen. Nicht vergessen habe ich aber die von den Medikamenten aufgedunsene Hand, die ich nicht loslassen wollte, und die, als die Apparate abgeschaltet wurden, immer kälter wurde.
In der Früh war es am schlimmsten. Er war mein erster Gedanke, jeden Tag. Ich hoffte, aus einem bösen Traum zu erwachen. Und stellte jeden Tag aufs Neue fest, dass es kein Traum war.

In dieser Zeit reifte der Wunsch nach einem Kind langsam in mir heran und wurde immer stärker. Zum ersten Mal in meinem Leben – dabei war ich schon 32 – verspürte ich dieses innere Bedürfnis. Ich hatte die Babys meiner Freundinnen im Arm gehalten, die kleinen Finger gestreichelt und war dann doch immer wieder froh, wieder in mein Leben zurückzukehren. Ein selbstbestimmtes – vielleicht egoistisches – Leben mit einem großen Bedürfnis nach Freiheit und Unabhängigkeit. Ich war gerne und viel unterwegs mit einem besonderen Faible für Frankreich und war mehrmals umgezogen, sodass mir mein übersiedelungsmüder Vater einmal geraten hatte, ich solle mir doch einen Wohnwagen zulegen.

Mit meinem Mann habe ich die Berge entdeckt. Wir verbrachten fast jedes Wochenende am Berg, schnallten im Winter die Tourenskier an und schnürten im Sommer Berg- oder Kletterschuhe oder strampelten auf dem Mountainbike.

Ich hatte Angst davor, dieses Leben einzutauschen gegen Babybrei-Kochen, Legosteine-Zusammenklauben oder Zermatschte-Bananenstücke-aus-den-Bodenritzen-Kratzen.

Aber der Wunsch ließ nicht locker. Er setzte sich fest wie eine Zecke. Ich wusste, dass ich, um wieder glücklich werden zu können, etwas in meinem Leben brauchte, das dem Ganzen einen Sinn gibt.

Als ein halbes Jahr später zwei rosa Streifen auf dem Schwangerschaftstest erschienen, war ich dennoch überrascht. Ich hatte bereits andere Pläne, einen neuen Job in Aussicht und wir hatten beschlossen, mit dem Kind noch eine Weile zu warten. Aber offenbar wollte es gerade jetzt in unser Leben kommen.

Die ganze Schwangerschaft über war ich eingenebelt in einen Hormonrausch. Ich freute mich über den neuen Job und über das neue Leben in meinem Bauch. Ja, ich verspürte wieder neue Lebensfreude.

Der Anfang war schwierig. Die Geburt war erschöpfend und die plötzliche Verantwortung für einen so kleinen Menschen empfand ich als erdrückend. An einem herrlichen Sonnentag im Krankenhaus bekam ich unbändige Lust, hinauszulaufen auf irgendeinen Berg. Aber da war meine entzückende kleine Tochter, die meine ständige Verfügbarkeit forderte.

„Habt ihr euch schon daran gewöhnt?", hatte mich ein Bekannter kurze Zeit nach dem Tod meines Vaters gefragt. Ich war damals schockiert und empfand die Frage als Zumutung. Vielleicht auch, weil ich mich nicht an sein Fehlen gewöhnen wollte. Nach der Geburt meiner Tochter Marie bekam ich eine ähnliche Frage gestellt. Damals fand ich sie nicht so deplatziert. Ja, ich musste mich erst an das neue Leben gewöhnen: dass mein Bewegungsradius in der ersten Zeit kaum über den Gartenzaun hinausreichte, dass ich lernte, meine eigenen Bedürfnisse zurückzustellen, auf mein Bauchgefühl zu vertrauen und nicht nur auf meinen Kopf, und auch, dass ich mit einem Menschen so innig verbunden war, wie es wohl nichts Vergleichbares gibt.

Deutlich bewusst wurde mir das bei unserem ersten After-Baby-Urlaub in Hamburg. Meine Tochter war eineinhalb Jahre alt und ich gesundheitlich etwas angeschlagen. Ich hatte mich sehr auf die drei gemeinsamen Tage mit meinem Mann gefreut und verbrachte den ersten Abend heulend im Hotelzimmer. Die Sehnsucht, die ich nach meiner Tochter verspürte, nach ihrer weichen, herrlich duftenden Babyhaut, fühlte sich mindestens so heftig an wie der erste Liebeskummer. Auf einmal wurde mir bewusst, dass mein Bedürfnis nach Selbstbestimmung und Freiheit nicht mehr die Bedeutung von früher hatte. Es gab da ein neues Gefühl, das viel stärker war. Das Gefühl, angekommen zu sein.

Vor Kurzem entdeckte Marie eine Schachtel, die ich schon lange nicht mehr geöffnet hatte. Darin habe ich die Papiertüte aufbewahrt, die mir ein Pfleger im Krankenhaus mit den Habseligkeiten meines Vaters in die Hand gedrückt hatte: Schlüsselbund, Geldtasche und Armbanduhr. Ich habe die Tüte damals den ganzen Abend nicht mehr losgelassen. Marie hat die Papiertüte und die Geldtasche neugierig untersucht. Darin befanden sich ein Zehn-Euro-Schein und ein paar Münzen – mein Vater hatte nie viel Geld in seinem Portemonnaie, er hat es lieber anderen gegeben. Meine Tochter hat gefragt, ob sie die Münzen in ihr Sparschwein werfen darf. Ich hatte nichts dagegen. Dann hat sie noch einen Zettel gefunden mit einem Text, den ich für das Begräbnis geschrieben hatte, und ein Foto vom Opa.

Marie wollte wissen, was es mit der Schachtel und den vielen interessanten Dingen auf sich hatte und fragte nach der Opa-Geschichte. Ich habe kurz gezögert, ob man sowas einer Dreijährigen zumuten darf. Aber sie ist schließlich schon als Baby im Kinderwagen mit Mama oder Oma auf den Friedhof gefahren, wenn wir Blumen aufs Grab gebracht haben. Heute pflückt Marie selber ihre Blumensträuße fürs Grab. Und wenn wir spätabends auf dem Trampolin liegen und uns den Sternenhimmel anschauen, leuchtet immer ein besonders heller Stern über uns. Dann sage ich ihr, dass das der Opa-Stern ist.

Die Opa-Geschichte also. Ich habe ihr erzählt, dass ich mit dem Opa spazieren war und dass er plötzlich umgefallen ist. Dass die Rettung mit Blaulicht gekommen ist, ihn ins Krankenhaus gebracht hat und dass er dort gestorben ist. Dass die Mama sehr traurig war, bis – und dann setzt meine Tochter den Satz fort (die Geschichte habe ich mittlerweile sicher schon hundert Mal erzählt): „bis die

Marie gekommen ist." Dabei strahlt sie bis über beide Ohren und ich muss sie ganz fest drücken.

Manchmal stelle ich mir vor, wie sie der Opa in seine Werkstatt mitgenommen und dort mit ihr geschraubt, gehämmert, gesägt oder an seiner Modelleisenbahn gebastelt hätte. Heute nimmt mein Mann manchmal die Eisenbahn in Betrieb, wenn wir die Oma besuchen. Dann kurven die Züge durch die Miniatur-Welt, die sich über zwei Zimmer erstreckt. Wo es putzige Dörfer mit Mühlen- und Windrädern, Bauernhöfen und bunten Marktständen gibt, wo eine Seilbahn auf einen Berg hinaufschwebt und Boote auf blitzblauen Seen schippern. Und wo jedes Familienmitglied einen Ort mit seinem Namen hat. Meiner ist der Julia-Berg – so steht es auf dem Bahnhofsgebäude. Dann gibt es noch eine Burg, die auf einem Felsen thront, eine Almhütte mit Kühen und Gämsen, zwei Radfahrer und eine kleine Bergkirche, die an unsere Hochzeit erinnert. Neulich habe ich entdeckt: Neben dem Pfarrer und dem Brautpaar steht in einem weißen Kleid ein kleines Mädchen.

Julia Langeneder *ist Redakteurin der „Welt der Frau". Sie lebt mit ihrer Familie im Kremstal. Tochter Marie begleitet die sportlichen Eltern auf fast allen Touren durch und auf die Berge.*

Von Regentropfen und anderen Beglückungen

Alexandra Grill

> *„Seit ich dich kenne,*
> *fürchte ich von jedem Regentropfen,*
> *dass er mich erschlagen könnte."*

Was wird im eigenen Leben kostbar, wenn ein Kind mitmischt? Ist es plötzlich mutig, feige zu sein?

Sagen wir es anders: Mein Umgang mit mir selbst war nicht gerade von Sorgfalt und Vorsicht gekennzeichnet, als ich jung, frei & Single war. Extreme Sportarten oder Geschwindigkeitsräusche waren nicht nötig, um mich frei und lebendig zu fühlen. Nur „normalfantastische" Dinge, die etwa meine Eltern unmöglich fanden: Autostoppen von Nizza bis Liezen, auf Stränden schlafen, Fallschirm springen, bei fremdsprachigen Menschen eine neue Familie finden, Sportverletzungsschmerzen wegignorieren und weiterrennen (bis zum wortwörtlichen Umkippen), Marihuana probieren, in Länder reisen, in denen es Malaria gibt, abartige Kunst inhalieren, im März im Meer baden, ohne ein Handtuch mitzuhaben, einen sicheren Job aufgeben, Aidskranke fotografieren, solche Sachen. Eine ungehörige Extraportion Egozentrik mischte sich zur ewigen Freiheitssuche und ein paar Komplexe, um das meiste, das ich fühlte, direkt ad absurdum zu führen. Klingt dramatisch, war manchmal auch so. Der oben grob interpretierte Satz von Bertolt Brecht bezieht sich vom Grundgedanken her wohl eher auf Verliebtheit oder Partnerschaft, aber ich musste offenbar ein Kind kriegen, um ihn zu verstehen.

Als mein Sohn in meine Welt kam (in einem eher mühsamen und zudem auch irgendwie überraschenden Prozess …), verdrehte sich alles für mich auf so gravierende Weise, dass ich eine Weile brauchte, um es überhaupt zu bemerken. Noch länger dauerte es, damit tatsächlich klarzukommen.

Zuerst war ich sauer, denn ich plante gerade meine Reise nach Brasilien. Endlich war mein Traumziel in Reichweite, da behauptete mein Arzt, ich wäre in süßer Erwartung. Bald wurde mir übel, täglich und zunehmend … Die neun Monate vergingen zögerlich und klar einstimmend auf „Alles wird anders!" Erstmals in meinem Leben versuchte ich, gesund zu essen, fünf Fäuste voll Gemüse und zwei Liter Tee am Tag. Ein ordentlich schwieriger Auftrag war auch das mit dem Ruhegeben. „Warum!? – Ich bin doch nicht krank!", reklamierte mein innerer Schweinehund, der gewohnt war (und ist), produktiv sein zu müssen.

Mittlerweile habe ich einen Sohn, der (wie vermutlich alle Kinder aller Eltern) für beinahe alles entschädigt. Meine Sehnsucht zu suchen, ruht ein wenig unter dem allumfassenden Wunsch, ihn gesund und glücklich zu sehen … Das Zeckenimpfprogramm bestreiten wir klarerweise gemeinsam. Temperaturadäquate Kleidung, Fleisch und Obst vom Biobauern sind plötzlich ein Thema. Ich bewege mich wie im abgesicherten Sparmodus und ab und zu schnürt mir das die Luftröhre zu.

Aber ich werde im Herbst nach Bolivien fliegen, ich ganz allein! Meine Mutterinstinkte werden vermutlich nicht abzuschütteln sein, doch die Reise ist gebucht und gezahlt. Da wird das schlechte Gewissen nicht stark genug bremsen können. (Hoffe ich.) Immer war ich zutiefst überzeugt gewesen, dass ich – falls es mal passieren sollte und ich allen Plänen zum Trotz ein Kind haben würde – cool bleiben würde, locker und gelassen. Ich hatte einiges bei anderen beobachtet, was mir nicht gefiel, und wusste: So werde ich nie. Doch tatsächlich funktioniere ich bereits seit der Schwangerschaft wie andere Mütter auch. Zuerst die Pränatal-Diagnostik, dann das mehr oder minder traumatische Gebären. Endlich Baby hier, Baby da, Baby immerzu. Und freilich auch dieses Gefühl einer neuer Liebesart – weit über alles vorher Vorstellbare hinaus. Folglich: Acht geben, dass die Muttermilch nicht stressbeladen ist, bei Kopfweh oder Ähnlichem keine Medikamente, das könnte sich negativ übertragen!

Später am Nachmittag sämtliche Nachbarskinder einladen, damit dem bedauernswerten Einzelkind nicht langweilig wird (offiziell, um seine Sozialkompetenzen zu fördern). Und erst die Sorgen, dass man alles richtig macht ... impfen oder Katastrophen riskieren, Vitamine und Bio, Homöopathie oder Notarzt ... Kein Wunder, dass ich müder bin als früher.

Nachts hört mein geschätzter Mann das weinerliche Jammern meist früher als ich, holt den kleinen Tiger ins eheliche Bett – Familienalltag, der trotz Totalerschöpfung glücklich macht. Unser 36-Stunden-Flug nach Asien damals war dagegen das reinste Honiglecken, im Nachhinein betrachtet. Völlig harmlos damals auch das Essen absolut unbestimmbarer Dinge, Pflanzen und Tierteile, irgendwo über Feuerlochöfen eingekocht in virentötender Schärfe. Jetzt mit unserem Kind Bangladesch zu besuchen, wo wir damals drei Monate lang ganz und gar bedenkenlos quasi Teil des Dorfes wurden, wird nicht einmal ernsthaft in Erwägung gezogen.

Immerhin lebten wir gerade für eine Weile in Venedig, als mein Sohn begann, sein Geplapper in Zwei-Wort-Sätzen zusammenzubauen.

Seine Grobmotorik entwickelte sich mindestens altersgemäß, was in einer spannenden, oft unkontrolliert anmutenden Schnelligkeit resultierte.

Folglich war's mit dem sonst für Italien gewohnten Dolce-Vita-Genießen leider (niente bis gar) nichts, auch nicht mit dem minutenlangen Augenschließen und Nur-den-Stimmen-Lauschen. Zu präsent war die Sorge, mein kleiner Entdecker könnte plötzlich zu den Gondeln laufen wollen, sich am Vaporetto die Finger an der Tür zur Kapitänskajüte einklemmen oder entführt werden. Hunderte Touristen trotz Novembernebel machten die Situation oft schwer überblickbar und die fix ansässigen Venezianer haben ja im Durchschnitt nur 0,89 Kinder. Und mein Cicciolino ist (ganz objektiv betrachtet) tatsächlich zuckersüß. So neugierig wie er damals war, hätte er einfach mit seinen braunen Kulleraugen beobachtet, was da nun so (von eventuellen Kidnappern) geboten wird, anstatt zu brüllen. Aber er blieb uns und sagte eines Tages aus heiterem Himmel: „Mama lieb."

Meine Freundin, der ich von diesen Worten in einem papierenen Echtbrief erzählte (so wie in den guten alten Au-Pair-Zeiten), schrieb retour: „Verstehst du jetzt, warum ich mir so sehr ein Baby wünsche?" Diese Sehnsucht nach solch bisher Unbekanntem hatte meine Gefühlswelt nie merklich bewegt, dafür war jetzt die unerwartete Erfahrung umso rührender und noch mehr Balsam für meine Mutterseele. Und wenn denn mein Lebenssinn nun der des Behütens sein soll, na gut, soll mir recht sein.

Mein Babyprinz hat gesagt, dass er mich lieb hat! All die scheinbar vergeudeten, langweiligen Tage wegen diverser Kindeskrankheiten vergisst man ohnehin schnell. Zugegeben, die Bedenken wegen möglicher Eventualitäten begleiteten mich sogar durch Venedig. Zu wenig angezogen? Feuchte Schuhe? Alles in den Mund gesteckt trotz der Bakterien? Doch die nahe Meeresluft tat meinem kleinen Dünnhäuter gut: Zwei Monate lang kein einziger Huster oder Schnupfen! Und mein Kind plumpste auch in keinen Kanal, nicht einmal, wenn ich beide Hände zum Fotografieren brauchte.

Das klingt, als wäre meine Achtsamkeit wegen der Regentropfen und ähnlicher Bedrohungen ganz auf meinen Sprössling gerichtet, aber ich lehnte beispielsweise wirklich aus Sorge um mich selber eine Reise in den Iran ab. (Was, wenn ich in einem der inoffiziellen Festhalte-Gefängnisse lande, als vermisst gemeldet und auf ewig unverfügbar für mein Kind bin?!)

Nach Teheran flog mein Mann also allein, und wie es zu erwarten war, kam er heim mit 50 neuen Freunden im Adressbuch – alle supernett und gegen das Regime selbstverständlich. Außer einem zensurierten Fotobuch und ein paar Stunden Verhör bei der Ausreise war nichts Sonderbares passiert und meine Vorbehalte wurden im Wind zerbröselt. Wie zum Trost redete mir mein Sohn im rechten Moment die verhasste Feigheit golden, denn er hatte im Kindergarten gelernt, dass man nirgends raufklettern soll, wo man sich nicht mehr runtertraut. Wie wahr und wie einfach!

Ich werde also nach Südamerika fahren. Mit mindestens 20 neuen Geschichten werde ich heimkommen, auf der Speicherkarte meiner Kamera oder im Kopf. Jedenfalls wird es gut sein und mein Kind wird mich nach einer ersten (mich zur Verzweiflung bringen werdenden) Verweigerungsphase (auf die ich allerdings vorbereitet bin) wieder mögen.

Gemäß meinem Plan wird mich auch kein Regentropfen niederstrecken und vorzeitig aus der Mutterrolle reißen. Und das mit dem „Auf-mich-Achten", das ich zu lernen gedenke, dient letztlich auch dem Zweck, als Vorbild zu wirken.

Morgens und abends zu lesen
Der, den ich liebe,
Hat mir gesagt,
Dass er mich braucht.
Darum
Gebe ich auf mich acht,
Sehe auf meinen Weg und
Fürchte von jedem Regentropfen,
Dass er mich erschlagen könnte.

Bertolt Brecht

Alexandra Grill ist ausgebildete Pädagogin und Fotografin. Sie arbeitet als Fotoredakteurin bei „Welt der Frau". Mit ihrer Familie, Mann und einem Sohn, lebt sie im oberösterreichischen Mühlviertel.

Der Tanz der Ambivalenz

Laya Kirsten Commenda

*The decision to have a child is to know that your heart
will forever walk about outside of your body.*

„Eingespannt zwischen Ich und Du – ein Kind lehrt,
die Zerrissenheit wahrzunehmen und auszuhalten."

In goldenen Buchstaben habe ich dieses Zitat auf feinstes Bütten-
papier geschrieben, zehn Mal, 20 Mal, 30 Mal, damals, als mein
Sohn zur Welt kam. Jeder, der die Geburtsanzeige in Händen hielt,
sollte wissen, wie besonders es für mich war, dieses Kind zu bekommen. Heute, Jahre später und unzählige Erfahrungen reicher,
wird mir klar: Ich hatte keine Ahnung. Ich hatte keine Ahnung,
was es heißt, sich für ein Kind zu entscheiden. Ich hatte keine Ahnung, wie es sich anfühlen würde, wenn ein anderer Mensch so viel
Raum im eigenen Herzen einnimmt. Was es tatsächlich bedeuten
würde, dass eben dieses Herz außerhalb des eigenen Körpers zu
leben beginnt.
Das Leben teilt sich in Davor und Danach. Die Zeit davor, die Jahre, bevor ich Mutter wurde, erscheinen mir weit, weit weg und sehr,
sehr fremd. Gerne würde ich davon erzählen, dass ich von meinem
Sohn gelernt habe, ganz im Augenblick zu leben, über Kleinigkei-
ten zu staunen, einen gesunden Egoismus zu entwickeln oder gelassener durch den Alltag zu navigieren. Ja, auch derartige Fähigkeiten
habe ich entwickelt in den zwölf gemeinsamen Jahren. Aber die

wesentlichste, die transformierendste und einschneidendste Lern-erfahrung des Mutter-Seins ist für mich diese eine: die Zerrissen-heit auszuhalten.

Zerrissenheit 1: Der erste Mensch in deinem Leben

Wie jeder andere Mensch auch bist du hauptsächlich damit be-schäftigt, die eigenen Bedürfnisse zu erfüllen, mal mit mehr, mal mit weniger Erfolg, manchmal unbeholfen, manchmal sogar sehr unbeholfen. Die Bedürfnisse reichen von basal/biologisch (ausrei-chend Schlaf; ausreichend Bewegung; ausreichend Nahrung etc.) bis psychisch/seelisch/soziologisch/komplex (ausreichend Anerken-nung; ausreichend intellektuelle Anregung; ausreichend kreative Entfaltung etc.). Selbst Menschen, die sich hauptsächlich um andere kümmern, erfüllen damit in erster Linie ihre eigenen Bedürfnisse, wie etwa das nach einem sinnerfüllten Leben.

Und dann ist da plötzlich dieser andere Mensch. Der dir – von wem auch immer – anvertraut wurde. Wer-auch-immer traut dir offensichtlich zu, gut für dieses Wesen zu sorgen. Du fühlst dich auserwählt und geadelt ob dieser ehrenvollen Aufgabe. Willst alles richtig machen. Richtiger als richtig. Richtig gut sogar. Du legst dich ins Zeug. Bist hoch motiviert und überaus engagiert. Etwa ein halbes Jahr bis ein Jahr verbringst du, bedingt durch den hormonel-len Ausnahmezustand und ein chronisches Schlafdefizit, in einem Trancezustand, um dann langsam daraus zu erwachen und eine schockierende Entdeckung zu machen: Deine eigenen Bedürfnisse und die des dir anvertrauten Wesens neigen dazu, sich diametral gegenüberzustehen. Du zum Beispiel hast das Bedürfnis nach Be-wegung, schnürst deine Laufschuhe und setzt dich hoffnungsvoll in Trab, den Kinderwagen vor dir herschiebend. Das Wesen aber hat nicht das Bedürfnis geschoben, sondern getragen zu werden, schreit herzerweichend und hört nicht mehr damit auf. Oder du hast das Bedürfnis nach geistiger Anregung, einem Seminarbesuch, einer neuen Ausbildung oder einer kulturellen Veranstaltung. Das Wesen aber hat Fieber und das Bedürfnis nach deiner Nähe, deinen tröstenden Worten und deiner kühlen Hand auf seiner heißen Stirn. Oder du hast das überaus menschliche Bedürfnis, hin und wieder mehr als zwei Stunden am Stück zu schlafen, während das Wesen um ein Uhr, um zwei Uhr, um drei Uhr und um vier Uhr morgens das Bedürfnis nach Muttermilch zeigt. Wie du es auch drehst und wendest: Du sitzt in der Falle.

Die Menschen rund um dich, vor allem die, deren Kinder längst keine Muttermilch mehr brauchen, versuchen dich damit zu trösten, dass dieser Zustand kein dauerhafter ist. Dass du spätestens in ein paar Jahren wieder Zeit für dich, für Hobbys und so etwas wie ein soziales Leben haben wirst. Vielleicht sogar für kultivierte Gespräche, Telefonate ohne Unterbrechung oder berufliche Ziele. Du ahnst, dass sie recht haben könnten, auch wenn du es zu diesem Zeitpunkt noch nicht wirklich glauben kannst. Aber du ahnst auch: Es wird nie wieder so sein wie früher. Nie mehr wieder wirst du ohne Abstriche der erste Mensch in deinem Leben sein. Nie mehr wieder werden dein Herz, dein Leben, deine Freiheit nur dir gehören.

Zerrissenheit 2: Die Sache mit der Konsequenz

Schon bevor ich Mutter wurde, war ich Stiefmutter. Das Geheimnis erfolgreicher Erziehung hatte ich schnell erfasst: Man liebt sie, diese Außerirdischen, die der australische Familienpsychologe Steve Biddulph in seinen erfolgreichen Ratgebern ironisch „Wombats" nennt, und man ist konsequent. Ja, ich liebte sie, meine beiden Stiefkinder. Und ich war konsequent. Erziehung war denkbar einfach und ich fragte mich, warum daraus eine so große Angelegenheit gemacht wurde. Bis dann mein eigenes Wombat das Licht der Welt erblickte und die Sache mit der Konsequenz kompliziert zu werden begann. Wie sagst du Nein zu jemandem, dessen Enttäuschung, Wut oder Schmerz dir das Herz zerreißt? Dessen Traurigkeit sich schlimmer anfühlt als deine eigene, dessen Tränen auf deinen Wangen brennen, so als hättest du sie selbst vergossen? Du weißt, dass es klug wäre. Du weißt, dass du dir damit auf lange Sicht eine Menge Ärger ersparen würdest. Du weißt sogar, dass Konsequenz eines der liebevollsten Dinge ist, die du deinem Kind angedeihen lassen kannst. Aber wie um alles in der Welt sollst du konsequent handeln, wenn es sich so herzlos anfühlt?

Zerrissenheit 3: Das Haus von morgen gehört dir nicht

„Eure Kinder sind nicht eure Kinder. Sie sind die Söhne und Töchter der Sehnsucht des Lebens nach sich selber. Sie kommen durch euch, aber nicht von euch, und obwohl sie mit euch sind, gehören sie euch doch nicht", schrieb der arabische Dichter Khalil Gibran. „Ihr dürft ihnen eure Liebe geben, aber nicht eure Gedanken, denn sie haben ihre eigenen Gedanken. Ihr dürft ihren Körpern ein Haus geben, aber nicht ihren Seelen, denn ihre Seelen wohnen im Haus von morgen, das ihr nicht besuchen könnt, nicht einmal in euren Träumen." Da ist also dieses Wesen von einem anderen Stern, dieses Wombat, das dir vertraut und gleichzeitig völlig fremd ist. Du willst ihm jeden Schmerz ersparen und weißt doch, dass es seine eigenen schmerzhaften Erfahrungen machen muss, um ein ganzer Mensch zu werden. Du willst es beschützen und behüten und weißt doch, dass ihm im goldenen Käfig niemals Flügel wachsen werden. Du willst es festhalten und weißt doch, dass du es loslassen musst, und zwar nicht nur einmal, sondern jeden Tag aufs Neue. Mit verquollenen Augen kam ich am ersten Kindergartentag meines Sohnes im Büro an. Schweigend stellte mir meine Kollegin, Mutter eines erwachsenen Sohnes, eine Tasse tröstlich heißen Kakao auf den Schreibtisch. Sorge und Heimweh trübten meinen ersten Urlaub ohne Kind. Die lang ersehnte Freiheit erfuhr ich plötzlich als gar nicht mehr so erstrebenswert und nach jedem Telefonat mit den Daheimgebliebenen musste ich mich zwingen, nicht vorzeitig die Rückreise anzutreten. Der erste verlorene Milchzahn. Der erste Kinobesuch ohne Eltern. Das erste Mal, dass dein Kind beim Duschen die Badezimmertür von innen versperrt. Jeder Schritt zu mehr Selbstständigkeit ist ein Schritt weg von dir. Das ist gut so. Das ist gesund und richtig so. Aber es tut weh.

Mutter zu sein bedeutet, den Tanz der Ambivalenz ganz zu tanzen, obwohl du nur die Hälfte der Schritte kennst. Den Tanz zwischen Ich und Du, zwischen Verschmelzung und Trennung, zwischen dieser tiefen, fast verklärten Liebe und dem oft so herben und unromantischen Alltag im atemlosen Dauerlauf vom Windeleimer über den Zahnarztbesuch bis zur Unterschrift unter die erste Fünf in Mathe.

Und was hat er mich noch gelehrt, dieser „Zen-Meister in den eigenen vier Wänden"?

Zum Beispiel, den steten Wandel zu begrüßen. Dass die Spaghetti gestern zur Lieblingsspeise erklärt wurden, heißt noch lange nicht, dass sie heute nicht naserümpfend verschmäht werden. Dass vor ein paar Wochen Mädchen pfui waren, heißt noch lange nicht, dass nicht heute die erste Freundin zu Besuch kommt. Dass vor zwei Sekunden die Welt unterging, weil der Lolli im Kanal gelandet ist, heißt noch lange nicht, dass jetzt nicht wieder gelacht werden darf. Überhaupt: Lachen. Viel besser, als nach Gründen für schlechte Laune zu suchen, ist sie wegzukitzeln. Grimassen zu schneiden ist die beste Medizin gegen Stimmungstiefs, die zweitbeste sind dämliche Witze. Man kann die Angst vor dem Gewitter besiegen, indem man jemandem einredet, die Regenjacke sei donnerabweisend. Eine Umarmung hilft besser gegen körperliche und seelische Auas als tröstende Worte. Vanilleeis beruhigt, wenn selbst eine Umarmung nicht mehr hilft.

Aber warum immer helfen wollen? Auch das habe ich gelernt: Lieben heißt da sein. Zu viel Gutes tun zu wollen ist des Guten oft zu viel. Meist reicht es, Anteil zu nehmen, zuzuhören, auszuhalten. Auch ohne mütterliches Zu-(viel-)Tun wird alles wieder gut. „Der Glaube, wir müssten Situationen ‚in Ordnung‘ bringen und dafür sorgen, dass es anderen wieder besser geht, hindert uns daran, präsent zu sein", schreibt Marshall B. Rosenberg.

Seine Definition von Hölle, so der Begründer der Gewaltfreien Kommunikation, sei es, Kinder zu haben und zu glauben, es gäbe so etwas wie perfekte Eltern.

Ich persönlich nenne das „Baseline Zero". Will heißen: Ein Tag ohne größere Dramen, ohne Darmgrippe und ohne Unfallkrankenhaus ist ein guter Tag. Alles, was darüber hinausgeht, ist ein Grund zum Feiern.

Laya Kirsten Commenda lebt mit ihrem Mann und ihrem Sohn in Linz. Sie ist freie Journalistin, Autorin und Yoga-Lehrerin. Neben anderen Texten schreibt sie für „Welt der Frau" die monatliche Yoga-Kolumne „Körper und Geist".

Von mir haben sie das nicht!

Claudia Dabringer

> *Kinder können vor allem eines:*
> *ein Erwachsenenleben völlig ver-rücken.*
> *Dagegen kann man sich wehren oder es zulassen … und gewinnen.*

„Traue keinem über 30", lautete einer der Sprüche der 68er-Bewegung. Hätte ich das tatsächlich internalisiert, wäre ich heute entweder eine verbitterte oder verbiederte End-Vierzigerin. Doch Resignation war für mich immer die schlechtere Alternative zum Galgenhumor, der mich schlussendlich stets gerettet hat. Irgendwann im Lauf eines Lebens lernt man, darauf zu vertrauen. Im Jahr meines 30. Geburtstags befand ich mich in einer Beziehung, die kaum unglücklicher hätte sein können. Verschmelzungssehnsüchtige trifft Bindungsflüchtigen – meine Geduld war überstrapaziert. Ich wollte endlich ankommen, aber nicht weil die viel beschworene „innere Uhr" tickte. Im Gegenteil. Meine letzten Kinderfantasien stammen aus den frühen 1980er-Jahren. Damals imaginierte ich mich in weißen Stöckelschuhen einen Kinderwagen schiebend. Danach entfernten mich unpassende Männer und wiederholte Fremdeinschätzungen, dass Kinderkriegen für mich die letzte aller Möglichkeiten für ein erfülltes Leben wäre, vom Mutterinstinkt. Und tatsächlich empfand ich Kinder als anstrengend, laut, fordernd und unverschämt. Jeder Ort, an dem sie fehlten, war ein guter Ort.

Im selben Jahr unternahm ich eine Reise, um einen Teil meiner Familie im Nahen Osten zu besuchen. Ich war darauf vorbereitet,

Cousine und Cousin zu treffen, die meine Kinder sein hätten können, und nahm das in Kauf – Familie halt. Worauf ich nicht vorbereitet war: ein dunkeläugiges Mädchen mit Wuschelkopf und einer
Liebesbedürftigkeit, die mich buchstäblich überrannte. Aus einem
mir noch heute völlig unerklärlichen Grund hatte sie beschlossen,
mein Herz für Kinder freizulegen. Sie schmiegte sich an mich, sie
stürzte sich mit einem Lächeln auf mich, sie gab mir das Gefühl,
auf mich gewartet zu haben. Was sie nicht wusste: Ich hatte mich
kurz vor Antritt dieser Reise in einen verheirateten Mann verliebt,
der drei Kinder hatte. Ohne dass ich zu diesem Zeitpunkt an eine
feste Beziehung dachte, bereitete mich der kleine Wuschelwirbel-
wind darauf vor, Abneigung und Vorbehalte gegenüber Kindern
langsam, aber nachhaltig aufzugeben.

Nach meiner Rückkehr verdichtete sich die Verliebtheit auf beiden
Seiten, seine Ehe brach und mein Leben wurde ver-rückt. Ich rückte nicht nur meine Pullis und Bücher beiseite, sondern auch mein
Ego. Ich hatte nach dem Auszug bei meinen Eltern elf Jahre alleine gelebt und meine Gewohnheiten entwickelt. Wie Handtücher
gefaltet werden mussten. In welche Richtung die Henkel meiner
Kaffeetassen zu weisen hatten. Solche Sachen. Einem Erwachsenen mit Hang zur Großzügigkeit kann man da noch Verständnis
abringen. Kindern nicht. Keinen Gedanken verschwendete ich daran, wie radikal ihre Präsenz mein Leben verändern würde. Vorerst
fürchtete ich mich vor dem ersten Kennenlernen. Was tun? Was
sagen? Würden sie mich hassen? Drei und vier Jahre waren sie alt,
den Kleinsten durfte ich erst nach sechs Monaten treffen. Ein Kind
weniger, dachte ich in meiner geheimen Hysterie.

Es war ein Sonntag. Ein verschmitzt-schüchtern lächelndes Mädchen versteckte sich hinter Papas Bein und drückte ihren sand-
farbenen Teddy an ihr Herz. Ein blauäugiger, strohblonder Junge

stürmte auf mich zu und streckte mir eine Plastikfigur entgegen. Ich kniete mich nieder und empfing die ersten Weihen des Kinderkosmos. Der „Power Ranger" war der Türsteher, der mir den Weg wies in eine völlig fremde Welt, in denen Pokemons, Yu-Gi-Oh-Karten und Baby Borns die Hauptrolle spielen sollten. Entgegen kam mir dabei, dass mir alles Fremde schon bisher viel näher war als das Bekannte. Also ließ ich mich fallen, an der Hand nehmen und begann zu lernen.

Auch, dass meine anfänglichen und unerwarteten Erfolge mit Kindern keine „g'mahte Wies'n" ergaben. Denn als ich nach einem halben Jahr den Jüngsten der drei kennenlernen durfte, machte er es mir richtig schwer. Kam ich seinem Vater näher als fünf Zentimeter, stieß er grunzend-feindselige Laute aus und beruhigte sich erst, als ich auf Distanz ging. Das dauerte Wochen und Wochen, bis zu einer Samstagnacht. Meine damalige Zwei-Zimmer-Wohnung war voll belegt. Die beiden Älteren schliefen im Doppelbett, ihr Papa und ich auf dem Ausziehsofa in der Küche und der Kleine auf der Wohnzimmercouch. Gelesen hatte ich davon, dass man hellhöriger wird, wenn man Kinder hat; dass das auch auf nicht-biologische „Eltern" zutrifft, erfuhr ich in dieser Nacht. Ein Grummeln und Knurzen weckte mich auf und weil ich den actionmüden Vater schlafen lassen wollte, schlich ich ins Wohnzimmer. Von einem sanften Licht beschienen, lag der Jüngste in seiner Polsterburg und schaute mich mit offenen, wachen Augen an. Ich zog ihm die Decke unters Kinn, strich ihm über die Wangen und legte mich wieder nieder. Wir hatten Frieden geschlossen.

Künftig drehte sich jedes zweite Wochenende ausschließlich um die Dreierbande. Kein Spielplatz blieb unentdeckt, kein Kinderfest unbesucht. Kulinarisch gesehen brach in meiner Küche eine Wüstenei aus. Für mich als geborene Allesfresserin war es vollkommen unverständlich, wie man Tomaten in der Spaghetti-Soße, aber nicht als Gemüse, Kartoffeln als Pommes, aber nicht als Auflauf essen konnte. Ich begann, die Zurückweisung persönlich zu nehmen. Liebesentzug durch Essensverweigerung quasi. Mir graute vor jedem Wochenende, das immer das Gleiche auf die Teller brachte. Doch irgendwann ging mir ein Licht auf.

Ich hatte es mit drei kleinen Persönlichkeiten zu tun, die zwar noch keine Ahnung hatten, was Individualität bedeutet, aber durchaus im Stande waren, sie auszudrücken. Der Älteste war am problemlosesten und sehr neugierig auf alles Kulinarische, das ihm fremd war. Das Mädel beharrte auf dem, was zu Hause auf den Teller kam, und der Jüngste machte es ihr anfangs nach. Später entwickelte er seine persönlichen Eigenarten, wollte wissen, woraus das Essen bestand, und inspizierte das Besteck nach etwaigen Spülrückständen. Ich musste mir klarmachen, dass ich keine biologischen Rückschlüsse ziehen durfte, wie es viele Eltern tun, die bei Abweichungen im Verhalten gerne einmal „Von uns hast du das nicht" sagen. Die drei hatten nichts von mir und das konnte ich nicht schnell genug realisieren. Distanz geschaffen, Mahlzeiten entspannt. Das Interessante: Dadurch, dass ich mich auf ihre Unterschiedlichkeiten einließ, konnte ich Speisen entwickeln, auf die sie sich einließen.

Einlassen – das ist das Schlüsselwort zwischen mir und „meinen" Kindern. Meine Wuschelkopf-Cousine, inzwischen fest in Österreich verankert, bezog mich ganz und gar in ihr Leben ein, in die Malaisen und Freuden. Erstere waren vor allem in ihrer Pubertät schlagend, wo der Kaktus nur dann seine Stacheln einzog, wenn ich ihn besuchte. Als sie mich fragte, ob ich ihre Firmpatin werden möchte, sagte ich ja. Zeitgleich erkundigte ich mich, was das eigentlich bedeutet – Firmpatin sein. Es beinhaltet die Aufgabe, den jungen Menschen in sein Erwachsensein zu begleiten. In meiner Erinnerung gab es niemanden jenseits meiner Eltern, der diese Herausforderung übernommen hatte. Konnte ich das? Wollte ich das? Ja. Drei Mal ja, denn auch die Tochter meines Lebensgefährten und sein jüngster Sohn hatten mich dafür auserkoren. Wir gingen miteinander auf Reisen, entdeckten gemeinsam Neues und begründeten damit verbindende Erinnerungen.

Inzwischen ist die Bande 23, 22, 21 und 17 Jahre alt. Und selbst wenn der Älteste meine Firmunterstützung nicht in Anspruch genommen hat, gab und gibt es auch mit ihm immer wieder Begleitgespräche, bei denen ich lerne. Zum Beispiel, dass ich weniger meinen Senf anbringen und mehr zuhören soll. Eine schmerzhafte Lektion, denn meinem Empfinden nach sind meine Ohren weit größer als mein Mund. Aber gut. Gelernt habe ich auch, dass man erst mit 30 erwachsen ist.

Bis dahin hatte ich mich dem scheinbar allgemeinen Konsens angeschlossen, dass Kinder ab 15 ohnehin „aus dem Gröbsten" heraußen sind. Heute weiß ich, dass es in diesem Alter erst so richtig rundgeht. Denn während im jungen Gehirn alles neu ausgerichtet wird und das durchaus seine Zeit braucht, ist das Mitteilungsbedürfnis am größten. Und auch die Fragen – vom wahren Sinn des Lebens bis zur angemessenen Länge der Achselhaare – werden nicht weniger. Im Gegenteil. Man weiß nie genug, sitzt stundenlang recherchierend am Computer, gräbt in sich nach ewig gültigen Werten. Dabei stellt man sich selbst auf den Kopf, das bisherige Leben auf die Probe, Gedanken in Frage. Und doch bemerkt man, dass sich die grundlegenden Dinge – Facebook hin, WhatsApp her – wohl nie ändern werden. Welche Sorte Mann möchte ich werden? Warum liebt er/sie mich nicht? Welchen Beruf möchte ich ergreifen? Was ist ein gutes Leben? Das mit ihnen zu diskutieren empfinde ich inzwischen häufig spannender und anregender als den Austausch mit manchem Gleichaltrigen. Während sich unsere Altersgruppe oft im eigenen Saft suhlt und ständig die gleichen Lösungsmöglichkeiten durchsiedet, inspirieren junge Menschen, öffnen Anschauungstüren und Empfindungsfenster. Als sich etwa meine „Leihtochter" verliebte und ein Jahr lang (umsonst) auf die Erwiderung der Gefühle hoffte, litt ich mehr als bei jedem einzelnen Liebeskummer in meinem eigenen Leben – und das trotz des Wissens, dass viele unerhörte Gebete schlussendlich ihren Sinn haben und die Persönlichkeit stärken helfen.

Von der damals 30-Jährigen und ihrer Gedankenwelt ist nicht mehr viel übrig geblieben. Letztere wurde eingerissen und neu aufgebaut. Manche Ziegelsteine konnten wieder verwendet werden, viele kamen dazu. Sie wurden geformt mit Liebe und Vertrauen, Aufmerksamkeit und Hingebung. Sie gingen durch das Feuer der kindlichen Lebendigkeit und der jugendlichen Leidenschaft. Gehalten werden sie durch gegenseitigen Respekt und Achtsamkeit. Vom heutigen Standpunkt aus gesehen, haben „meine" Kinder auch mein eigenes Erwachsensein begründet. Dass ich sie noch einige Jahre begleiten darf, empfinde ich als großes Geschenk.

Claudia Dabringer lebt als freie Journalistin und Autorin in Salzburg. Sie leitet regelmäßig Schreibwerkstätten. Seit vielen Jahren begleitet sie die Kinder ihres Lebensgefährten ins Erwachsenwerden.

Psst, sie schlafen!

Manfred Wolf

*Nie wieder ist die Gegenwart so präsent wie in der Kindheit,
denn Kinder haben ihre Zelte im Jetzt aufgeschlagen.
Leider kommen sie nur zu gerne zu ihren Eltern „geistern".*

Sie schlafen. Beide. Ja, beide abgestrampelt. Ja, er hat seinen Schnuller im Mund und nein, er lässt ihn nicht los – eher würdest du ihn damit hochheben.

Wenn Kinder schlafen, stellen sich zwei Dinge ein: eine besondere Art der Friedseligkeit und ... na klar, Ruhe.

Kinder beim Schlafen zu beobachten ist, wie ins Lagerfeuer zu starren. Alles, was war, fällt ab, alles, was die Gedanken rastlos macht, verschwindet – die Gegenwart kehrt ein. Nur das sanfte Atmen ist zu hören. Sie wälzen sich hin und her, brabbeln leise Töne, streichen mit ihren kleinen Fäusten übers Gesicht, spannen ihre Körper kurz an und versinken dann noch tiefer in ihre Träume. Es gibt kein beruhigenderes Abendprogramm ...

... UAHAH!!! Abrupt endet der Schlaf. Ruhe und Friedseligkeit sind verflogen. Orientierungslosigkeit und unendliche Müdigkeit halten den Körper im Bett. „Wie spät ist es?" „Kannst du aufstehen?" Wickeln. Füttern. Durchschlafen? Keine Rede. Tja, wie auch hätte es heute Nacht anders sein sollen? „Dienst an der Menschheit", nannte es eine Freundin einmal und meinte damit das erste Jahr. Sie hat nicht ganz unrecht damit. Es bleiben die Erkenntnis, die Erinnerung und die verwegene Hoffnung: Schlaf ist etwas Wunderbares.

An ein Wiedereinschlafen ist nicht zu denken. Wach ist wach ist wach. Schlaf lässt sich nun einmal nicht erzwingen. Paradox: Während Kinder gerne dagegen ankämpfen, würde ich mich ihm augenblicklich und bedingungslos ergeben. Gegenwärtig schläft allerdings er, ich nicht. Die Gedanken kreisen über Unerledigtes, Vergangenes und Zukünftiges.

Für Kinder gibt es nur die Gegenwart. Sie haben ihr Zelt im Jetzt aufgeschlagen, die Zukunft existiert noch nicht. Sie leben in einer von ihren Eltern – je nach Möglichkeit – eingerichteten Raum-Zeit-Parität. Hier können sie behütet spielen, streiten, schreien, lachen ... kurz: sich entwickeln. Doch dieser Kokon bekommt im Lauf der Zeit – naturgemäß – Risse. Und dank dieser Risse kann eine Entwicklung einkehren. Für Kinder sind diese Risse unabding-bar, für Eltern sind sie oft schmerzhaft und/oder erhellend. Auf alle Fälle sind sie eine Herausforderung, wieder und wieder und wieder und wie ... der und wie ... wied ... er.
... Was war das? Die Toilettenspülung? Erneut steht mein Körper auf – nachsehen ... Unsere Tochter. Sie ist während dieses letzten Jahres, das meine Freundin und ich der „Menschheit gewidmet ha-ben", schon richtig selbstständig geworden. Toilette, Zähne geputzt, Kleid und Strumpfhose angezogen, Bibi Blocksberg im CD-Player – fertig für den Kindergarten und bald auch für die Schule. Während ich das Gefühl nicht loswerde, in einer Zeitschleife hängen geblieben zu sein, vergegenwärtigt sie, was sich in den vergangenen Monaten ... Monaten? ... Jahren getan hat. Was sie alles gelernt hat, was sie alles erlebt hat, was wir mit ihr erlebt haben und was wir durch sie – beide Kinder – gelernt haben. Wie man das La-chen unterdrückt, wenn eigentlich Klartext gefordert wäre. Wie man vertraut, wenn man am liebsten halten möchte. Wie man da-mit umgeht, wenn man besser doch gehalten hätte. Wie man beim

nächsten Mal wieder vertraut. Wie man zum richtigen Zeitpunkt Halt gibt. Wie man tröstet, wenn Tränen fließen. Wie schnell Kinder mit einer neuen Herausforderung klarkommen. Und wie stolz man ist, wenn ... wenn man einfach nur beobachtet.

Auch selbst wird man permanent beobachtet, studiert und kopiert. Die neugierigen Augen lassen einen vom ersten Augenblick an nicht mehr alleine. Beinahe jede Handlung will von nun an überlegt sein – bis in alle Ewigkeit. „Wieso denn du des so machst?" Plötzlich hinterfragt man über Jahre antrainierte Handgriffe, bemerkt man, wie oft man „Sodala" sagt – und streicht es unverzüglich aus seinem Wortschatz – und übt sich darin, Erklärungen zu finden, die für Kinder nachvollziehbar sind. Vor allem Letzteres stellt einen immer wieder vor Schwierigkeiten, denn – bei aller Liebe zu Tiergeschichten – der Storch bringt nun mal keine Kinder. Klare Antworten sind gefragt ... und gesucht.

„NANNE, NANNE, NANNE!" Mittlerweile ist auch mein Sohn wach. Wie von einem Pawlow'schen Reflex geleitet, führt ihn sein erster Weg ohne Umschweife zur Obstschüssel. Als könne die Sonne erst aufgehen, nachdem er seine Banane gegessen hat. Greife ich dann in die Schüssel, stößt er ein sehnsüchtiges „Naaahnnneh" aus, als hielte ich heroisch gerade noch die letzte Banane der Welt für ihn parat. Dabei versprüht er eine Freude, die so echt ist, dass man selbst meinen möchte, es gäbe tatsächlich gerade nichts Wichtigeres auf der Welt.

Kinder in diesem Alter sind bedingungslos authentisch. Sie bringen ihre Gefühlswelt unverhohlen zum Ausdruck. Keine Täuschung, keine Manipulation, keine Hintergedanken. Alles ist echt. Und diese „Echtheit" ist es, die nur Kinder haben, die im Alltag vieler Erwachsener fehlt, weil sie einem nur zu oft als Schwäche ausgelegt wird.

Wenn Kinder spielen, essen, schlafen und entdecken, dann ist diese Authentizität offenkundig. Und wenn Eltern gestresst sind, wird ebenso offenkundig, wie weit wir uns selbst schon davon entfernt haben. „Beeil dich." „Wir müssen in den Kindergarten." „Wir kommen zu spät." Stehsätze, die wir jeden Tag aufs Neue abrufen. Ein permanentes Dagegen-Ankämpfen. Die Zeit tickt und diktiert. Und die Kinder drücken Tag für Tag erneut auf diesen Knopf, loten unsere Grenzen aus und machen ein endloses Spiel daraus, indem sie uns immer wieder zurück an den Start stellen – während wir glauben, dass sie nach unseren Spielregeln agieren. „So, jetzt iss endlich auf, in fünf Minuten müssen wir gehen!" Zurück an den Start ...

Keine Frage, nicht von den Eltern lernen Kinder am meisten, sondern von Kindern. Der Sprachschatz erweitert sich – „Das ist blöd" –, Strategien werden ausgefeilt – „Marie darf das auch" – und die Geschicklichkeit nimmt zu – „Seit wann kannst du denn das?" Kurz: Kinder sind die besten Lehrmeister. Doch auch wenn Kinder noch so viel voneinander lernen – vor allem die jüngeren Geschwister sind die großen Nutznießer –, am liebsten sind sie bei den Eltern. Konkret: der Mutter. Hosianna überall dort, wo Kinder diese Zeit möglichst lange genießen dürfen, weil es sich die Eltern finanziell leisten können, das Kind keiner Karriere im Weg steht und sich der Vater seiner Rolle bewusst ist – egal, ob in einer Beziehung oder nicht. Väter haben es gerade in den ersten Monaten leichter, müssen aber akzeptieren, dass das Band zwischen Mutter und Kind ein engeres ist. Wir gehen zur Arbeit, versäumen viele der großen und kleinen Augenblicke im Leben eines Kindes, dürfen uns aber über eine wohltuende Abwechslung zum Alltag freuen. Hier dreht sich nicht alles um essen, wickeln und abwaschen. Mütter leisten Großes, dabei wird das Tagesgeschäft beiläufig bewältigt. Vom dreimaligen Umziehen über die ewige Schnullersuche bis zum Einkaufen. Apropos einkaufen ...

„NANNE, NANNE, NANNE!" Nein, es ist noch nicht der nächste Tag angebrochen. Wir stehen lediglich vor dem Obstregal im Kaufhaus. Während er sich noch mit Bananen zufriedenstellen lässt, hat sie schon längst das Süßigkeitsregal für sich entdeckt. Hier warten sie auch schon auf die Kinder, die zuckersüße rosarote „Hello Kitty" und ihr männliches Pendant, der schwarze und finstere „Darth Vader", eingesetzt vom „Imperium", um einen immerwährenden Zwist vom Zaun zu brechen. Laserschwert gegen Banane, psychologisch ausgeklügelte, von abgefeimten Verkaufs- und Marketingstrategen entwickelte „Rattenfänger-Süßigkeiten" gegen die Gesundheitsillusion unausgeschlafener, abgekämpfter Eltern. Ein ungleicher Kampf, der dennoch zu gewinnen ist. Doch Vorsicht ist bis zum Schluss geboten. Denn hat man dem „Imperium" getrotzt, kann es immer noch passieren, dass im nächsten Augenblick die sympathische Verkäuferin bei der Kasse, eine Süßigkeit vor die Augen des Kindes haltend, fragt, ob es „das eh haben darf". Lieb gemeint, aber bitte nicht! Kinder behandeln Süßigkeiten, wenn sie nicht unentwegt welche haben können, wie einen Schatz. Sie teilen genau ein, wann wie viel davon gegessen wird, und verwerten selbst die Verpackung noch. Es ist schön, wenn man seinem Kind diese Freude bereiten kann und hin und wieder eine „Hello Kitty" statt einer Banane in den Einkaufswagen legt. „NANNE?!?"

Die Müdigkeit, die man im Lauf des Tages um ein paar Meter abgehängt hat, holt einen im günstigsten Fall erst am Abend wieder ein. Meist wartet sie jedoch schon, wenn man sich mit dem Kind am Nachmittag niederlegt, das Kleine aber partout nicht schlafen will. Schlafentzug ist schmerzhaft und es wächst die Sehnsucht nach der Zeit, in der der Schlaf eine Überbrückung zwischen zwei Tagen war, nicht mehr als eine Selbstverständlichkeit. Doch gelegentlich überrascht ein Kind einen genau dann: Es krabbelt im Bett herum, blättert im Bilderbuch und schläft dabei ein. Ja, Kinder besitzen dieses Gespür. Sie sind aber auch Knopfdrücker und weisen uns erbarmungslos auf unsere wunden Punkte hin. Mit dem Salzstreuer in der Hand laden sie ein, uns mit uns selbst auseinanderzusetzen. Wir können ihnen das Salz entweder wegnehmen – immer und immer wieder – oder hinsehen.

Am Ende des Tages, wenn sich die Kinder zu einem ins Bett kuscheln, gespannt auf die neuen Abenteuer der Zwerge und Prinzessinnen warten, noch aufs Klo müssen und dann wieder Durst haben, bleibt doch ein gutes Gefühl, selbst wenn es hin und wieder verborgen ist. Und dann muss man nicht mehr lange warten, bis es ganz ruhig wird … Psst! Mittlerweile schlafen beide selig, er mit dem Schnuller. Natürlich haben sie ihre Decken wieder abgestrampelt, aber das Lagerfeuer wärmt.

Seid leise!
Er ist müde von der Reise.
Er kommt von weit her,
vom Himmel übers Meer.
Vom Meer den dunklen Weg ins Land,
bis er die kleine Wiege fand.
Seid leise!

Paula Dehmel

Manfred Wolf ist stellvertretender Chef vom Dienst bei den Oberösterreichischen Nachrichten und Vater von zwei Kleinkindern.

2. Kapitel

Wahre Worte aus kleinem Mund

Mit Charlie Chaplin in der Sandkiste

Andrea Fürtauer-Mann

> *Kindern gehört die Zukunft –*
> *und Eltern kommen aus der Vergangenheit.*
> *Schrecklich lange muss das her sein! Oder?*

„Hat es eigentlich schon Farbfernsehen gegeben, als du noch klein warst?", fragte mich mein süßer Nachwuchs so beim Vorbeihüpfen von einem Lego-Auto zum nächsten. Autsch, das traf! Hatte ich mich da verhört oder glaubte er wirklich, dass ich der Schwarz-Weiß-Film-Epoche entsprungen bin? Und ich begann zu erklären: „Natürlich, die ‚Barbapapas' habe ich bunt im Fernsehen gesehen. Oder den ‚Pinocchio'." – Schweigen. „Die kenn ich nicht. Hatten die schon Ton?" Aha, wir sind bereits in die Stummfilm-Ära zurückgereist. Ich setze wieder zu einem Erklärungsversuch an: „Ja, wir hatten Farbe, Ton und täglich eine Stunde Kinder-Programm, bis das Sandmännchen kam." Ich hörte noch Wörter wie „Poah", „Steinzeit", sah ein heftiges Kopfschütteln und schon war er weg.

Inzwischen habe ich mich an solche und ähnliche Fragen gewöhnt, wie: „Gab's damals schon Autos oder noch Kutschen?" (Mein Lieber, es gab Autos ohne Sicherheitsgurte für uns Kinder und ohne Klimaanlage. Da war Autofahren noch ein Abenteuer.) „Wie konntet ihr ohne Handy überleben?" (Mein Schatz, mit Drehscheiben-Telefon) oder „Wie habt ihr damals SMS verschickt?". (Gar nicht, wir sind zu unseren Freunden gegangen und haben an der Tür geklingelt.)

Für Kinder sind Zeit und vor allem Alter relativ. Sie können lange nichts mit Zahlen anfangen, schätzen einen in der Mitte seiner jugendlichen 30 auf stolze 80 Jahre und bringen einem so bei, wie unbedeutend Lebensjahre sein können. Denn wie sehr man sich auch bemüht, sich sportlich fit zu halten, sein Äußeres mit diversen Q10-Salben und Hyaluronsäure-Masken aufzupeppen, der Zahn der Zeit beginnt irgendwann, irgendwo bei jedem zu nagen. Und so gewöhnt man sich daran, dass Alterserscheinungen vom Nachwuchs sehr kreativ – und meist sehr direkt – angesprochen werden. Kürzlich meinte meine Tochter – nach einem Klaps auf meinen Po: „Der greift sich irgendwie, wie soll ich sagen, flüssig an." Danke, liebes Kind!

Diese besondere Beobachtungsgabe und treffende Ausdrucksweise wandte auch einer meiner Schüler im Deutsch-Unterricht beim Erarbeiten der „Wiewörter" an. Nachdem wir alles mit Adjektiven bedacht hatten – leckere Jause, süßer Kakao, lange Stunde, kurze Pause – sollten die Schüler doch mal mich – ihre Lehrerin – beschreiben. Und sofort legten sie los: „eine kleine Lehrerin", „eine lustige Lehrerin", „eine niesende Lehrerin". Und da platzte es aus einem der 8-Jährigen heraus: „Eine gestreifte Lehrerin." Aber ich hatte nichts Gestreiftes an mir: Der Pulli war grün, die Jeans waren blau und die Socken schwarz. „Nein, Frau Lehrer, ich meine die Streifen da oben." Und er erhob seinen kleinen Finger, fordert mich auf, mich zu ihm hinunterzubücken, und fuhr langsam meine Stirnfalten entlang. Seither trage ich Pony – inzwischen nicht mehr in, aber effektiv – und habe den Spitznamen „Streifenhörnchen" bekommen.
Und da wir schon bei der deutschen Sprache samt Wiewörtern und solch inzwischen überflüssigen Dingen sind: Wer braucht schon ganze Wörter, geschweige denn Sätze? Es gibt ja heutzutage SMS, WhatsApp, Facebook & Co. Da wird nicht mehr lange herumgeschrieben. Smilies und andere Figuren haben die Satzzeichen

abgelöst. Das wurde mir erst bewusst, als mein inzwischen vorpubertärer Sohn seine Lego-Autos gegen ein iPhone eingetauscht hatte. Plötzlich kamen auf die meinerseits formulierten Fragen, wie „Geht's dir gut?" oder „Was hast du in der Mathe-Schularbeit?", Anworten wie „Nmp", „lol :-D", „Wg", „HDL ;-)", „BB" oder „:-) Wmg?". Was war da los? Ist sein Handy defekt? Ist der Screen kaputt gegangen? Kann mein Sohn seine Finger nicht gezielt einsetzen? Aber nein, die Erklärung dafür ist doch ganz einfach, meinte zumindest mein Jüngster. „Mama, so macht man das heute. Das weiß doch jeder!!!!! Du bist so was von gestern." Also, zur Erklärung – kommuniziert wird in einer neuen Form der Sprach-Verstümmelung: Nmp – Nicht mein Problem, lol – laughing out loud (laut loslachen), Wg – Wie geht's, HDL – Hab dich lieb, BB – Bis bald, Wmg – Wos mochst grod? ... Ist doch alles ganz logisch und einfach, oder? Für eine wie mich, die aus der fernen Vergangenheit kommt, braucht das allerdings eine Gewöhnungsphase. Aber wir haben uns auf einen Kompromiss geeinigt. Ich liebe die deutsche Sprache samt ihrer komplizierten Grammatik und Rechtschreibung viel zu sehr, um sie durch irgendwelche Buchstabenaneinanderreihungen (was für ein schönes langes Wort) zu ersetzen. Also schaut das nun so aus bei uns:

Ich: „Hast du viel Hausübung auf?"

Sohn: „Jop!" (Ja!)

Ich: „Ich hol noch deine Schwester ab, wir sehen uns zu Hause."

Sohn: „BB! HDL :-) cul" (Bis bald! Hab dich lieb! Wir sehen uns später.)

Ich: „Bussi."

Sohn: Lol :-D (sehr lautes Lachen)

Da wäre noch etwas, das beim Mama-Tuning nicht fehlen darf. Auch beim Styling könne ich angeblich von den Nachwuchs-Erwachsenen lernen. Immer wieder bekomme ich Tipps, um meinem etwas „faden" Outfit auf die Sprünge zu helfen. „So ein bisserl shoppen gehen, damit du ein bisserl mehr ‚in' bist." Und ich wusste genau, was er meinte. Ich solle doch in dieses Geschäft gehen, wo man Meeresrauschen hört und die Verkäufer zu einem sagen: „Welcome to the reef." Wo einem die laute Musik den Verstand wegdröhnt und man wegen des extrem gedimmten Lichtes die Kleider-Etiketten nur mithilfe der Taschenlampen-App am Handy, das man verzweifelt auspackt, erkennt. Nein, mein lieber Sohn, dafür bin ich – und ich sage es mit Stolz – wirklich zu alt. Gar keinen Vorteil soll man haben, dass man jahrelang für Charlie Chaplins Sandkasten-Freundin gehalten wurde.

Andrea Fürtauer-Mann arbeitete viele Jahre als Journalistin, zuletzt bei „Welt der Frau". Vor zwei Jahren entsann sie sich ihres ursprünglich erlernten Berufes und wurde wieder Volksschullehrerin. Mit einem Leben als getrennt erziehende Mutter von zwei schulpflichtigen Kindern lässt sich das besser vereinbaren. :-)

Pauls wunderbunte Welt

Romana Klär

Warum Kinder ihre Umgebung vielfältiger wahrnehmen.
Und was Erwachsene von ihnen (wieder) lernen können.
Eine Beobachtung.

„Hallo, ja. Können wir ein anderes Mal telefonieren? Es passt jetzt nicht. Wir sind gerade auf der Straße", sage ich zu meiner Freundin Lisi, lege auf und stecke das Handy in die Tasche. Der knapp Dreijährige neben mir zerkugelt sich vor Lachen: „Aber nein. Das ist doch der Gehsteig", freut er sich. Er hat mich mit seiner Buben-Logik kalt erwischt: gut zuhören, genau beobachten und alles hinterfragen – das ist Pauls liebstes Hobby. Das Kind lebt in hellwacher Beziehung mit der Welt, die uns umgibt. Sie ist für ihn ein farbenfrohes Lexikon, in dem er blättert, sich Wörter merkt und deren Bedeutungen durch ständiges Fragen überprüft.

Für Paul ist nur die Fahrbahn die Straße. Dort, wo wir gehen und stehen, kann man auch ruhig mit anderen ein bisschen plaudern. Auf dem Streifen mit dem aufgemalten Fahrrad braucht man einen Helm. Schilder zeigen Symbole, die auch er – ein großer Bub – versteht: Zwei schwarze Hügel auf dem rot umrahmten weißen Dreieck etwa sagen: Achtung, wir müssen jetzt langsamer fahren, weil es uneben wird. Der Schornstein am Neubau gegenüber schaut aus wie der große Auspuff eines Motorrads. Ein abgebrochener Ast gleicht einem Hammer. Das kaputte Knie der alten Frau mit dem Stock da vorne müsste man reparieren. Der Mond kann blau auch am Tag aufgehen.

„Kinder zeigen auf alles. Mit ihrer Hilfe kann man in allen Lebensaltern die aus dem Alltag der Erwachsenen verschwundenen Fragen reaktivieren", beschreibt Donata Elschenbroich, eine deutsche Kulturwissenschaftlerin, was man von den kleinen, „hochtourigen Lernern" mitnehmen kann.

Die erste Lektion dabei heißt: Bloß nicht hetzen! Erst dann hören, sehen, spüren wir.

Die Stadt, in der wir leben, ist nicht einfach nur laut. Sie klingt wie ein wildes Konzert, das Menschen jeden Tag in einem anderen Rhythmus und mit anderem Tempo aufführen. Paul hat dafür feine Ohren: Dort drüben dreht ein Betonmischer rumpelnd graue Masse in einen großen Bottich, der dann von schweren Ketten auf ein Dach gezogen wird. Der Akkuschraubenzieher, mit dem ein Monteur in blauen Hosen die Bretter einer Ladung neuer Fenster lockert, klingt ganz anders als die Säge, die sich nicht sofort orten lässt. Der „Scheibenwischer", mit dem eine Frau die Auslage putzt, quietscht auf dem feuchten Glas ganz leise. Aus einem offenen Fenster hört man klapperndes Geschirr.

Wir streifen versehentlich an einer Frau an, ich bitte um Entschuldigung – sie reagiert nicht, hört nicht, sieht uns nicht. In ihren Ohren stecken Stöpsel mit dünnen, weißen Kabeln, die in ihrer Jackentasche verschwinden. Viele Passanten machen eine bitterernste Miene und schirmen sich mit riesigen rosa, weißen, grünen Kopfhörern ab. Sind das Bauarbeiter? Wo haben sie ihren Pressufthammer, will Paul wissen.

Ein Autofahrer rast bei Rot über unsere Kreuzung. Beim Wettbüro an der Ecke wartet eine Traube Männer rauchend vor der Tür. Eine Frau in „Klack-Klack-Schuhen" tippt abgehetzt eine Nachricht in ihr Smartphone. Vor der Kreuzung stoppt eine andere gerade noch rechtzeitig den großen Wagen mit zwei Kindern, bevor die Kolonne von der linken Seite gefährlich schnell in ihre Richtung startet. Wir halten hinter ihr. Sie gestikuliert wild, ihre Worte überschlagen sich, wenn sie in ihr Handy brüllt, während das Kleinkindergefährt halb auf die Fahrbahn ragt. Die Babyschale mit einem Säugling und der Teil, auf dem ein Mädchen sitzt, sind von der „Fahrerin" abgewandt. Das ältere Kind ringt mit seinen Händen, greift ins Leere, kann die Eindrücke nicht fassen.

Die Blickrichtung beeinflusst das Sicherheitsgefühl. Es fehlt, wenn Mädchen und Buben fremden Menschen, riesigen „blonden" Hunden, massiven Wasserhydranten, hohen Bäumen und lauten Fahrzeugen entgegenrollen, anstatt in ein vertrautes Gesicht zu sehen. Einen entspannten Rundum-Blick kann nur entwickeln, wer erfährt, dass immer jemand da ist, mit dem man gut kommunizieren kann.

Paul sieht tausend Dinge. Jeden Tag. Und er kann sich daran freuen. Ein Mugerl auf dem Spielplatz motiviert ihn 50 Mal, beim Laufradfahren zu bremsen: „Du bist mein Verkehrsschild! Stell dich dahin. Dann muss ich langsamer fahren!" Das T-Shirt einer 12-Jährigen, das gerade einmal bis zum Bauchnabel reicht, bringt ihn zum Lachen: „Das Leiberl ist ganz kaputt. Das muss man nähen." Ein Dutzend Glitzerreifen am Handgelenk einer Mutter lösen Kichern und echtes Interesse aus: „Das sind seeehr viele! Nimmst du die zum Schlafen ab?"

Paul läuft mit weit ausgebreiteten Armen. Selbst auf den immer gleichen Strecken gibt es ständig etwas Neues zu entdecken. Der Kran dreht sich im Wind. Auf einer Regenrinne krabbelt eine schwarze Spinne – iiiiiiihhhh. Das alte Haus hat feine Risse in der Wand. Ein Stück Mörtel ist abgefallen. Das muss man renovieren. Ein Mann mit Wuschelbart hebt mit einer Zange Blechbüchsen vom Boden auf. Ein anderer kommt uns mit einem großen Gitarrenkoffer entgegen.

Paul teilt sich mit, erzählt, was er sieht, und kann auch die kleinen Überraschungen im Alltag genießen: Die Bank, auf der wir während der Jause sitzen, ist von der Sonne angenehm gewärmt. Das schmeckt gut, ist scharf, süß, sauer oder bitter – magst du das? Das gefällt mir gut! Das will ich machen! Kinder haben ein feines Gespür für alle diese Dinge.

Am Abend fällt Pauls Aufmerksamkeit, seine dauernde Lust am Entdecken allerdings meist recht rapide ab. Und ich frage mich: Will er mit seinen ununterbrochenen Fragen – „Wo liegt meine Sonnenbrille? Wo sind meine Patschen? Hast du mein Bagger-Buch gesehen?" – nur testen, wie es mit meiner Aufmerksamkeit und Wahrnehmung aussieht?
Ich rufe Lisi an: „Was wolltest du mir heute früh erzählen?"

Romana Klär arbeitet als freiberufliche Journalistin und Autorin. Sie lebt mit ihrem Mann und einem Pflegesohn in Wien.

Auf Kollisionskurs mit der Zeit

Ute Maurnböck-Mosser

Wir gehören zur Überholspurgeneration. Jedes Durchstreichen eines erfüllten Termins bedeutet ein kleines Glücksgefühl. Wir zerreißen uns, weil wir es allen, inklusive uns selbst, recht machen möchten. Und meine Tochter? Bewertet Zeit nach ihrer Fasson.

Mit eineinhalb Jahren kam meine Tochter an vier Tagen die Woche für einige Stunden zur Tagesmutter. Arbeit und Familie fühlten sich für mich an, als würde ich mit mir selbst Tandem fahren. Um Punkt zwei hieß es: Kugelschreiber fallen lassen, Computer runterfahren, die Gedanken, die eben noch mühsam für einen komplexen Text geordnet worden waren, in den Hinterkopf schieben und hoffen, dass sie sich in den nächsten Stunden nicht völlig auflösen würden. Die Arbeitsfrau, die vorn am Tandem saß, wollte am Arbeitsplatz bleiben, die Mutterfrau hinten in die Pedale treten und Richtung Heimat fahren. Die Erste wollte nach links, die Zweite nach rechts. Was einte, war der schmerzende Hintern und der Muskelkater vom hektischen Strampeln.

Als meine Tochter geboren wurde, sie wurde heuer im Frühjahr sechs, haben sich die Uhren in Schubumkehr umgestellt. Die Zeit, die vorher so knapp war, die Tage, die gefüllt waren mit Projekten, Sozialkontakten und Fröhlich-ins-Wochenende-Schlafen, waren in ihrer bisherigen Art nicht nur vorbei, sie veränderten ihre Qualität. Sie blähten sich auf. Eine Minute war eindeutig länger als vorher. Die ersten Monate nach der Geburt habe ich mich eingeigelt mit meinem Schreikind, das wenig geschlafen hat, geplagt war von

Bauchkoliken. Die Tage zogen sich endlos und nur, wenn der Baby-bauch Ruhe gab – so scheint es mir im Nachhinein – konnte ich die kurzen sonnigen Momente genießen. Um acht Uhr war ich mitten im Tag, zu Mittag hatte ich mit dem Baby bereits Stunden hüpfend am bauchschmerzlindernden Gymnastikball verbracht. Der Nachmittag war Erledigungen gewidmet, für die ich ewig brauchte, weil ich im Gehen hätte einschlafen können. Mir kam es vor, als würde ich mit dem Kinderwagen auf einer unsichtbaren Extrafuß-gängerspur gehen, überholt von Menschen, die alle in einer höheren Gangart an mir vorbeirasten. Gefangen in einer Zeitschleife.

Erst nach Monaten – weniger Bauch und mehr Schlaf waren unserem kleinen Familiendasein inzwischen gegönnt – kehrte Ruhe ein und der Chronometer ging in ruhigem, maßvollem Takt. Sobald ich Luft spürte, kehrte das alte Zeitmuster zurück: endlich wieder viele Menschen sehen, erste Projekte andenken, planen, checken, vorbereiten. Ich hatte mich darauf gefreut, zugleich aber gefragt, wie ich alles gleichzeitig schaffen kann. Und wie das kopflastige und intensive Arbeitsleben eintauschen gegen das entschleunigte Einfach-nur-Dasein? Es war meine Tochter, die mir den Umstieg jenseits des Büroschlusses einfacher machte.

Meine Tochter ist nämlich eine Zeit-Dehnerin. Eine Magierin des Minutenausbaues. Sie hat die Gabe, innerhalb von einer Minute ein detailgetreues Bild zu zeichnen, kann aber ohne jedes Problem sieben Minuten rumbekommen, nur um den linken Schuh anzuziehen. Sie kann schnell, schnell eine Zeichnung auf ein Blatt Papier fetzen, sich aber genussvoll minutenlang den Rücken massieren lassen. „Buckel kratzen" war eine ihrer ersten komplexeren Wendungen. Sie fordert Zeit für sich und recht hat sie. Aber sie fordert sie nicht nur, sie braucht auch Zeit, länger als andere Kinder in manchen Dingen. Die Langsamkeit als neues Zeitmaß einzukalkulieren und als selbstverständliches System hinzunehmen ist eine

Herausforderung. Während meine Synapsen übereinanderstolpern, hat sie die Fähigkeit, sich auf eine einzige Sache zu konzentrieren, sich ihr mit Hingabe zu widmen. „Auf gar keinen einzigen Fall", kann sie sich auch empören, wenn ihr etwas gegen den Strich geht, weil ich dränge. Pronto war gestern, nein vorvorgestern, zumindest mit ihr.

Gehen wir die Straße entlang, entdecken wir dafür gemeinsam tausend Dinge. Einen Marienkäfer, einen Plüschhasen im Schaufenster, ein kleines Loch in einer Hausmauer ...

Zeitbarometer Schuhe

Es war einer dieser Morgen, an denen wir knapp dran waren. Es war acht, ich musste zu einem Termin, das Kind lehnte gemütlich an der Treppe. Der linke Schuh ...

Ich packte meine Siebensachen zusammen und feuerte sie an. Freundlich zuerst, höflich danach. Als ich ins Vorhaus kam, war immerhin der halbe linke Fuß im Schuh.

„Herzele!" Ich wurde unwillig. „Jetzt hab ich dir vier Mal gesagt: Bitte, zieh deine Schuhe an. Ich komm heraus und nix ist passiert!"

Das Herzele, das bei Kritik oder Hetze gern explodiert, sah mich mit einem nachsichtigen Lächeln an. Milde geradezu, vom Treppenansatz herab.

„Aber Mama. Ich kann ja nichts dafür." Ich erwartungsvoll. Die freundlichen Kinderaugen sahen mich offen an. „Weißt du. Ich hör ja nicht zu."

Mir klappte der Kiefer nach unten. Kein Geschimpfe. Nur Baffheit ob der totalen Entwaffnung. „Im Kindergarten ist das auch so." Ein weiterer nachsichtiger Blick. „Wenn die Waltraud zu mir sagt: Räum deine Spielsachen weg, dann spiel ich einfach weiter. Weil, ich hör ja nicht zu." Eine Weisheit, in der sie mir, dem Zeitdödel, ein temporales Grundgesetz mit auf den Lebensweg gab: Unbeirrbar auf sich und seinen Rhythmus hören, damit es einem gut geht. Mögen die anderen doch denken, was sie wollen.

Ich bin keine sechs und ich werde weiterhin Termine haben. Aber für diese Sätze liebe ich sie bis an mein Lebensende. Das Herzele, das das unerbittliche Ticken auf der Überholspur zum Stillstand bringen kann. Das zwischen den Pendeluhrschlägen tausend Dinge bestaunen kann und mit Recht nachsichtig auf die keifende Alte blickt. Sie besteht mit einer völligen Natürlichkeit darauf, dass sie in ihrer eigenen Zeitdimension bleibt. Wer das nicht versteht, wird eben mit einer einfachen Erklärung versorgt.

Sie hat es tatsächlich geschafft, dass ich seit diesem Moment Zeit anders bewerte, falsch: anders bewerten möchte. Denn noch immer sind eingebauter Zeitdruck und der Wunsch nach ruhiger Gelassenheit im Widerstreit. Immerhin gibt es sie inzwischen, die kleinen Momente, die ich auskosten kann, ohne den Kopf einzuschalten. Die Milch ist aus, der Interviewpartner möchte zurückgerufen, der Termin zur Thermenwartung abgeklärt werden. Ich kann einfach besser umschalten. Daheim heißt es Familie. Heimkommen, Schuhe ausziehen, Rucksack mit Einkäufen ablegen und da sein. Geschichten lesen, gemeinsam Grießschmarren kochen, ein langes Schaumbad zu zweit nehmen inklusive Schaumbärte und Schaumzuckerwatte zaubern. Was für eine Qualität!

Zeitqualität

Mit welcher Intensität wir die Zeit füllen, dachte ich unlängst, macht den Unterschied.

Konnte ich früher nach dem Nachhause-Kommen alle Viere von mir strecken, wird jetzt mit dem Kind gespielt, der Geschirrspüler ausgeräumt, das Turnzeug für den nächsten Tag bereitgelegt. Die Zeitpuffer indessen sind dünner geworden. Aus prallen Sofaviertelstunden sind zittrige Viertelminüter geworden, die gleichzeitig als abgerissener Jackenknopf, Einkaufsliste und unverarbeitete Birnen vor mir demonstrieren.

Was wäre ich gern eine Zeit-Diebin, würde gerne ein Packerl aus dem Supermarktregal zur Kassa tragen, zu Hause öffnen und eine Stunde für mich herausgießen. Ist es heute für uns schwieriger, Prioritäten zu setzen? Oder ist der Vergleich mit den Müttern, die scheinbar alles locker unter einen Hut bekommen, die Krux?

Ein Tag hat 24 Stunden. Noch immer. Obwohl mir scheint, als wären es seit 6 Jahren nur noch 18 oder 19. In diesen 18, 19 (oder doch 24) Stunden packe ich Jausenboxen und Geburtstagsgeschenke, ich atme, putze meine Zähne, kuschle mit meiner Tochter, koche für morgen vor, überlege, dass Turnen wichtig für mich wäre, genauso aber auch meine ruhige halbe Stunde vordem Schlafengehen und „Downton Abbey" sowieso.

Waren die Mütter früher also weniger beschäftigt und war ihnen fad? Ich wage es zu bezweifeln. Wie haben sie die 24 Stunden für sich zu nützen gewusst?

Während ich mein Zeitbudget wie einen schrumpfenden Dromedarbuckel mit mir herumschleppe, tauchen neue Fragen, aber auch neue Gewissheiten auf. Der Kampf zwischen Mehr-Zeitqualität-Wollen und Alles-erledigen-Müssen ist oft unglaublich energieraubend, die gleichzeitige Befriedigung, das Leben bunter gemacht zu haben, allerdings mit nichts aufzuwiegen. Ich denke, ich will es nicht anders haben.

Ute Maurnböck-Mosser ist Mitarbeiterin des Radiosenders Ö1 mit dem Schwerpunkt Wissenschaft und Musik, zudem freie Journalistin, auch für „Welt der Frau". Sie lebt mit ihrem Mann und ihrer Tochter in Wien.

Pause!

Dagmar Weidinger

> *Eine Lebensaufgabe, die Eltern nicht erfüllten,*
> *wird zur Lebensaufgabe, die Kinder zu erfüllen haben,*
> *meint die Psychologin Verena Kast. Könnte sein, dass sie recht hat,*
> *wenn ich die Wutausbrüche unseres Sohnes richtig interpretiere.*

Als mein Sohn etwa zwei Jahre alt war, begann er in seinem Wesen fassbar zu werden. Die ersten Wörter halfen ihm, uns zu sagen, was ihm am Herzen lag. Seine schnellen Beinchen ermöglichten ihm, sich ebenso schnell auf alles, was ihn begeisterte, zuzubewegen. Das waren als Erstes die Autos, die vor unserem Fenster vorbeifuhren (nicht zufällig war wohl sein erstes Wort „awa"), Traktoren mit Ballenpressen, Holztransporter und dann natürlich der tolle ÖAMTC-Hubschrauber, der tatsächlich einmal im Park vor unserer Haustür landete. Jegliches neue Interesse wurde so durch den Erwerb der entsprechenden Vokabeln unmittelbar gespiegelt.

Ich sah mich in meinen Beobachtungen durch einen Text des bekannten niederösterreichischen Psychiaters und Kinderbuchautors Paulus Hochgatterer bestätigt. Er schreibt, dass Spracherwerb in hohem Ausmaß damit zu tun hätte, dass das Kind Objekte libidinös besetzen würde. In Hochgatterers Fall wäre wohl „Fleischerei" das erste gesprochene Wort gewesen. Hätte ihn doch der „Extrawurst-Genuss" des von der „rundlichen Fleischhauerin uns Kindern auf einer kleinen Gabel regelmäßig angeboten Radls Wurst" tatsächlich in kindliche Begeisterungsstürme versetzt.

Zeitgleich mit Jans aufkeimender Motorenbegeisterung spürten wir, dass er sich immer mehr zu einem kleinen Energiebündel zu entwickeln begann. Die temperamentvollen Gene seiner Großelterngeneration schlugen bald voll durch. Der kleine Wirbelwind erfreute uns täglich mit seinen lustigen Einfällen, seinem Gesang (einmal zufällig gehört und schon war „Mona Lisa" von Nat King Cole sein absoluter „Favourite"), seinem Tanzschritt (der stark an Riverdance erinnerte) und seiner fast schauspielerischen Mimik. Gleichzeitig erlebte ich wie die Kehrseite einer Medaille, dass es Jan immer wieder besonders schwerfiel, sich zu bremsen, eine Pause einzulegen, und sei es nur für die fünf Minuten des Mittagessens – sogar hier musste auf der Bank herumgeturnt oder der Vorhang gleich einer Liane zum Schwingen verwendet werden. Dass ich auch noch nach Mitternacht mit dem Wunsch geweckt wurde, „Fuchs, du hast die Gans gestohlen" zu singen, machte mich ebenso wenig froh!

Eine richtige Herausforderung wurde uns das Temperament des kleinen Mannes jedoch erst, als er regelmäßig mehr oder weniger große „Trotzanfälle" produzierte. Wir nannten sie so, ohne genau zu wissen, ob wir damit den Kern der Sache überhaupt trafen. In der Tat fühlte ich mich schnell hilflos, als ich nun fast täglich mit einem kleinen schreienden und heulenden Wesen konfrontiert war, das sich kaum mehr beruhigen ließ. Zusätzlich zu Hilflosigkeit und Ohnmacht spürte ich meine eigenen Aggressionen hochwallen. Am liebsten hätte ich oft einfach zurückgeschrien. Als die Situation für mich unerträglich wurde und ich schlimme Magenschmerzen bekam, suchte ich mir den Rat einer Fachfrau. Ich war erstaunt, wie gut ich dort gleich verstanden wurde: Mein Kind war scheinbar kein Einzelfall und ich keine besonders schlechte Mutter. Solche „Wutausbrüche" passierten.

Ab dem Moment begann ich erstaunliche Dinge über Gefühle im Allgemeinen und über Wut und Ärger im Besonderen zu lernen. Da wurde rasch mein eigener Umgang mit Ärger hinterfragt, der mich anscheinend schnell in die Defensive brachte. Gemeinsam mit meiner Expertin sah ich mir Jans „Wutsituationen" nun genauer an. Es dauerte nicht lange, da stellten wir eine Gemeinsamkeit in allen Fällen fest: Jan legte immer dann seine Schreitiraden hin, wenn er entweder unterzuckert oder übermüdet war. Beides hatte ich offensichtlich falsch gedeutet. Anstatt dafür zu sorgen, dass er mittags, wenn es oft zu kriseln begann, wirklich rastete, hatte ich ihm geglaubt, dass es gut wäre, noch bis zum Umfallen zu laufen. Dabei hatten wir den richtigen Zeitpunkt für eine Pause regelmäßig verpasst. Erst durch den Hinweis von außen wurde mir klar, dass mich Jan als Führung brauchte, um zu lernen, sich selbst zu regulieren. Ich war also gefordert, Jan beizubringen, auf sich und seinen Körper zu hören.

Doch hier war etwas, das nicht nur für meinen Sohn eine Herausforderung darstellte. Hinter Jans Rastlosigkeit steckte noch mehr – eines meiner Lebensthemen! Ich kenne das gut: Während des Studiums stand ich jeden Tag um 6 Uhr auf, um die besten Stunden des Tages mit Lernen zu verbringen, danach ging's an die Uni. Pause gönnte ich mir davor keine. Wieder daheim kochte ich mir zwar zumeist etwas, meine Gedanken kreisten jedoch weiter ums Studium und seine Inhalte. Einschlafen konnte ich abends nur in den seltensten Fällen wirklich schnell und gut. Erst im Urlaub merkte ich, wie wunderbar man doch schlafen kann. Auch wenn ich mir in meinem Leben mittlerweile mehr „Gemächlichkeit" zugestehe, kenne ich nach wie vor die Momente, in denen ich meinen Körper über dem Schreiben völlig vergesse und mit trockenen Augen so lange vor dem Bildschirm sitze, wie die Konzentration es zulässt. Fast scheint sich hier ein Generationenthema zu manifestieren. Nicht rasten können, darunter hatte schon meine Mutter gelitten. Immer im Einsatz sein. Dabei waren es durchaus positive Dinge, die sie gedanklich nicht losließen. Und mein Vater? Der achtete sogar noch ein bisschen weniger auf seinen Körper. Er aß regelmäßig erst abends, wenn ihm sein Bauch bereits Alarmsignale schickte.

Mit Jan hatte ich die Chance, nochmals genau hinzuschauen, wie ich es denn wirklich halte mit dem guten Rhythmus in meinem Leben. Höre ich tatsächlich auf die Bedürfnisse meines Körpers – oder schiebe ich das Essen manchmal doch noch gerne auf später auf? Lasse ich das Schwimmen lieber sein, wenn noch ein Text zu recherchieren ist … oder verschiebe ich den Spaziergang, weil ich noch die Wohnung auf Schuss bringen möchte? Mich immer wieder auf das Zwiegespräch mit meinem Körper einzulassen, war somit die erste Lektion, die ich von meinem Sohn lernen durfte.

Nun ist es ein Leichtes, den akuten Hungeranfall eines Kindes mit einem Stück Traubenzucker oder einer Banane zu stoppen oder bei Müdigkeit die entsprechenden Vorkehrungen zu treffen. Wesentlich schwieriger gestaltet es sich da schon, wenn Wut oder Ärger anderen Ursprungs sind. Meine zweite Lektion erhielt ich deshalb, als ich gefordert war, Jan zu zeigen, wie er in unterschiedlichen Situationen gut mit seiner Wut umgehen konnte, ohne wie ein Rumpelstilzchen ums Feuer zu tanzen. Von allen Gefühlen, zu denen der Mensch fähig ist, ist die Wut wohl eines der am meisten tabuisierten. Wütende Menschen finden wir allenfalls beim Italienurlaub belustigend oder in Krimis amüsant, wenn der übernächtige Kommissar wieder einmal seine Kollegen „angrantelt" oder im Verhör besonders emotionsgeladen mit der Faust auf den Tisch haut. Ansonsten erlebt der Durchschnittsmensch Gefühlsstürme in Richtung Wut doch eher als eine Zumutung – an sich selbst wie an den anderen. Wir empfinden deshalb nicht nur unsere völlig überarbeiteten, herumwütenden Kollegen als furchtbar mühsam, sondern auch unsere unrunden Kinder.

Die bekannte Schweizer Analytikerin Verena Kast sagte einmal: „Es macht Sinn, etwas über Ärger zu wissen, man wird dann viel weniger krank." Ärger oder Wut befallen uns, wenn eine unserer Grenzen verletzt wurde – egal, wie groß oder klein die persönliche Einschränkung gewesen sein mag, Ärger will uns zu unserer Freiheit verhelfen. Er schützt unsere Grenzen und trägt zu unserer Selbsterhaltung und Entfaltung bei. Kinder sollen und müssen sich deshalb ganz viel ärgern und trotzen. Trotzende Kinder wollen die Welt entdecken und werden genau in diesem Selbstentfaltungswunsch von ihrer Umwelt beschnitten. Vielleicht, weil sie sich in Gefahr bringen oder weil schlichtweg der falsche Zeitpunkt für eine Sache ist. Wer das versteht, braucht nicht mehr mit dem Kind „mitzuwüten". Es gilt einzig zu verhandeln, wo man sich an der gemeinsamen Grenze treffen kann. „Wir haben zu wenig Vertrauen in die Tatsache, dass wir alle nicht in die Welt gesetzt wurden, um einander gleich wieder zu eliminieren, sondern um mit dem anderen gut auszukommen. Wenn wir das mehr verinnerlichen würden, dann würden wir auch mehr in Konflikte gehen", sagt der Kinderpsychiater Hochgatterer. Haben wir also alle zu viel Angst, um ärgerlich zu sein? Eltern geben sich untereinander den Ratschlag, die eigene Wut allenfalls am Kopfkissen im Nebenzimmer abzureagieren, außer Sichtweite des Kindes. Doch was das Kind nicht sieht, kann es auch selbst nicht lernen – den guten Umgang mit der Wut.

Wer Gefühlskompetenz erlernen will, setzt schon lange vor dem großen Wutausbruch an. Jedes Gefühl hat eine Spür- und eine

Schmerzschwelle. Bei der Spürschwelle sollten bereits die Glocken läuten und ein Innehalten stattfinden. Wer lernt, schrittweise zu spüren, wie sich Ärger gleich einem Crescendo in der Musik aufbaut, tut nichts anderes, als aktiv seine Grenzen wahrzunehmen. Wer dann noch einen Namen für sein sich anbahnendes Gefühl findet, kann sich glücklich schätzen. Es ist ein bisschen wie beim Rumpelstilzchen. Sobald sein Name enthüllt ist, verliert sein Wüten an Zauber und Macht.

Jan und ich erlebten das zum ersten Mal zu Silvester. Bereits am späten Nachmittag krachte es ganz ordentlich vor unserem Fenster. Jan war unruhig, weinerlich und bedürftig nach Nähe. Auch an den darauffolgenden Tagen gab es immer wieder vereinzelte Kracher zu hören. Jan war stets verzagt und doch wurde seine Stimmung von Tag zu Tag besser, jeder weitere Böller leichter verdaubar. Warum? Der kleine Mann hatte ein Wort gefunden, das er zwischen sich und sein Gefühl schieben konnte. Er wusste, was los war. Er hatte „Angst". Er konnte benennen, was in ihm vorging, und somit auch die Kontrolle behalten über das, was passierte. Ähnlich erging es ihm, als er seine ersten Tage in der Kinderkrippe verbrachte. Sobald er das Wort „traurig" in Kombination mit „Abschied" verstand und nutzen konnte, wurde alles leichter.

Jan und ich mussten vieles falsch machen, um danach das Richtige zu tun. So schlug zum Beispiel jeder Versuch, Jan abzulenken oder seine Laune durch einen anderen Impuls zu verändern, komplett fehl. Besser, wenn der erste Schritt im Gefühlssturm ein Innehalten ist. Wir sagen „bremsen" dazu und besprechen, wie es Autos machen, die in eine Garage fahren. Danach überlegen wir, was das Auto jetzt braucht. Ist der Motor überhitzt, braucht es also eine (Ruhe)pause? Ist der Tank leer, muss dringend Benzin, sprich Essen, zugeführt werden? Oder ist dem Auto langweilig, sodass es eine schnelle Runde im Park drehen muss? Manchmal müssen wir erst ausprobieren, was in dem Moment für das Auto passt. So gelingt es Jan gut, wieder aus seinen „Jaguar-Gefühlen", wie wir sie nennen, herauszufinden. Zuvor versuchen wir aber auch, den Jaguar so zu fahren, dass er gar nicht erst in Ausnahmesituationen kommt – das heißt, wir sorgen gut für uns, versuchen früh zu spüren, wenn wir uns ärgern, und dies auch auszudrücken. Das geht nicht immer, aber immer besser.

Von Jan habe ich gelernt, wie wichtig es ist, den eigenen Ärger (früh) zu spüren – denn er gibt mir Kraft, zeigt mir, wo ich vielleicht an eigene Grenzen stoße und es nochmals einen Kraftschub braucht, um Dinge durchzusetzen, die mir wichtig sind. Verena Kast meint: „Wer den Ärger zulässt, glaubt daran, dass man das Leben verändern kann." Wer dies nicht tut, landet leicht in der Depression oder Hoffnungslosigkeit. Aber doch nicht Kinder! Kinder kämpfen für ihre Ziele. Welcher zweijährige Junge würde resignativ neben dem Raupenbagger stehen, den er so gerne von einem anderen Kind geborgt hätte? „Da kann man nichts machen", sagt vielleicht der Erwachsene, der bereits um die Einschränkungen des Lebens zu wissen glaubt. Oder: „Ärgere dich nicht!" Ich werde beides nie wieder sagen, schon gar nicht meinem Sohn.

Dagmar Weidinger ist freie Wissenschaftsjournalistin.
Sie lebt mit ihrem Sohn Jan in Wien.

Kalter Kakao

Regine Bogensberger

Selten hatte mich etwas so aus der Bahn geworfen wie der Bruch meiner Freundschaft. Erst mein Sohn führte mich auf den Weg, über den Versöhnung vielleicht möglich ist. Eine Erzählung.

„Alle haben dir verziehen, nur du dir selber nicht", sagte mein Mann mit zorniger Stimme und verließ den Raum, denn er hatte Besseres zu tun, als mit mir über ein Thema zu sprechen, das mich seit Wochen schmerzvoll beschäftigt. Wenn ich nachts hochgeschreckt war, weil mich Gedanken und Vorwürfe quälten, hatte er mich anfangs noch in den Arm genommen, mittlerweile dreht er sich genervt zur Seite und schläft weiter. Nur ich liege wach. Ich möchte ihm weinend zurufen: „Du hast unrecht!"

Vielleicht hat ihr Sohn mir verziehen, dass ich für einen Augenblick lang unvorsichtig war, doch meine Freundin Doris, nein, sie hat mir nicht verziehen, zumindest nicht, dass ich wüsste. Ja, vielleicht ist sie mir nicht mehr böse, vielleicht denkt sie nicht mehr daran. Noch viel schlimmer als ihre bis dahin ungekannte Wut, die ich anfänglich zu spüren bekam, ist ihr Schweigen. Sollte sie mir verziehen haben, um von allen Altlasten befreit zu leben, so wäre es doch nichts wert, wenn der andere Mensch, den es betrifft, weiterhin so leidet, dachte ich. Seit fünf Wochen habe ich nichts von ihr gehört, sie reagierte weder auf meine elendslange Mail noch auf meine versöhnlichen SMS. Einmal ging ich zu einer bestimmten Zeit in jene kurze, sonnige Gasse, über die sie heimzugehen pflegt. Ich wollte wissen, ob ihr Sohn wieder zur Klavierstunde ging. Ja, er tat es, seine Hand musste wieder verheilt sein. Da sah ich sie – fröhlich telefonierend, einmal lachte sie laut auf. Selten kam ich mir so dämlich vor – wie eine eifersüchtige Stalkerin.

An diesem Abend, als ich meinem Sohn einen Gute-Nacht-Kuss gab, biss ich mir auf die Zunge, ich wollte es unterlassen, ihn wieder auszufragen, tat es dann aber doch. „Hast du Erik und Lukas wieder mal gesehen?", fragte ich Florian, der zärtlich mit meinen strähnigen blonden Haaren spielte. „Ja, immer wieder, aber wir spielen nicht zusammen." Das schmerzte mich. „Immer noch nicht?" „Ich spiele eben mit Max und Theo", sagte er gleichgültig. Plötzlich begannen seine Augen zu leuchten: „Wenn du mir ein Handy kaufst, dann rufe ich sie an und frage sie, ob wir uns treffen. Sollen wir das tun?" Fast hätte ich sogleich Ja gesagt.

Es war vor fünf Wochen, als meine Freundschaft mit Doris zerbrach. Ein schöner, aber kühler Tag Anfang März, aus einer einzigen dunklen Wolke fielen Schneeflocken. Doris und ich waren für einige Monate recht eng befreundet gewesen. Gern erinnere ich mich an unsere Kaffeehaustreffen: rege Gespräche bei heißem Kakao, zwar stressig wegen der bisweilen bockigen, übermütigen oder Gläser umkippenden Kinder, doch wie süß schmeckte das braune Getränk, wenn sie freimütig über ihre Sorgen und Freuden sprach oder sich zu mir hinbeugte, um den jüngsten Tratsch auszutauschen. Sie, die Quirlige, ich die Ruhige, die in ihrer Gegenwart immer offener wurde. Wir lernten uns über unsere Kinder kennen, ihre acht- und siebenjährigen Söhne Lukas und Erik gehen in den gleichen Hort wie mein Sohn Florian. Ich erinnere mich an unsere ersten Begegnungen, wie sie mir als hastig in den Hort laufende Frau aufgefallen war, stets außer Atem, ihre dunklen Locken kräuselten sich durch den Schweiß auf ihrer Stirn, ihr feiner Hosenanzug saß etwas zu eng.

Manchmal schmeckte mir der Kakao auch nicht, vielmehr schlich sich neben der Euphorie über meine neue Freundschaft zunehmend ein irritierendes Unwohlsein ein, das ich zunächst nicht deuten konnte. Ich nickte zaghaft, wenn sie sagte, sie habe eigentlich kein zweites Kind gewollt, während ich mir gerne weitere wünschte. Ich stimmte ihr voll Überzeugung zu, wenn sie sagte, dass jede Frau doch selber entscheiden müsse, ob sie stille oder nicht, obwohl es eigentlich nicht meine Meinung widerspiegelte. Ein Buch, für das sie schwärmte, empfand ich als banal und ordinär. Dennoch sagte ich, es würde mir auch gefallen. Während sie sehr karriereorientiert eine leitende Stelle anstrebte, konnte ich nicht zugeben, dass ich eigentlich mit meiner Halbtagsstelle als Arzthelferin zufrieden war, sondern jammerte ihr gegenüber über meine angeblich aussichtslose berufliche Lage. Und zuallerletzt schaffte ich es nicht, ihr zu sagen, dass ich nicht mehr so oft auf ihre Buben aufpassen konnte, wenn sie bis spät abends arbeitete. Es strengte mich enorm an und ich war nur mehr übel gelaunt, wenn die drei lebhaften Kinder in kürzester Zeit unser Wohnzimmer in ein Chaos verwandelten und jeden Besenstil in ein Laserschwert umfunktionierten.

Dann kam jener Märztag, als ich wieder ihre beiden Buben zur Aufsicht hatte. Ihr Älterer, der forsche Lukas, hatte ausgerechnet an diesem Tag Durchfall. Ich kochte ihm Kamillentee. Während ich den Tee aufgoss, rief mich Lukas, ich solle ins Klo kommen, es sei etwas danebengegangen. „Greif nichts an!", rief ich ihm entgegen. In der Zwischenzeit zog Erik, der feinfühlige, jüngere Bruder, gedankenversunken die heiße Teetasse von der Anrichte. Wie oft hatte ich meinem Mann oder meiner Mutter eingebläut, sie dürften die heißen Tassen nicht am Rand der Anrichte hinstellen! Nun hatte ich selbst diesen Fehler gemacht. Der siebenjährige Bub mit seinen ungeschickten Händen ließ die Tasse sogleich fallen, etwas heißer

Tee war über seine kleine zarte Hand gekippt. „Florian", schrie ich auf, als ich das schrille Kreischen hörte. Ich wusste aber sofort, dass es nicht mein Sohn war, der geschrien hatte.

Mit allen drei Buben fuhr ich per Taxi in die nächste Notfallambulanz, unterwegs rief ich Doris an. Sie war zunächst gefasst. Als ich sie mit festen Schritten den Krankenhausgang entlanggehen sah, wusste ich, ich würde sogleich eine neue Seite an ihr kennenlernen. Ihr Sohn war inzwischen ärztlich versorgt worden, der Arzt meinte, die Brandwunde, die vor allem den Daumen betraf, würde ohne Narbe problemlos abheilen. Sie nahm ihre Kinder, würdigte mich keines Blickes. Ich wollte noch sagen: „Es tut mir leid, aber ... der Arzt sagte, wir hatten Glück ..." Aber da war sie schon weg. Noch nie in meinem Leben hatte ich sie so böse gesehen, noch nie hatte ich mich so gedemütigt gefühlt. Bei der Heimfahrt sagte ich zu meinem Sohn mit demonstrativ fröhlicher Stimme: „Komm, wir schenken Erik ein Lego-Spielzeug." „Warum denn, er ist doch selber schuld. Jedes Baby weiß doch, dass Tee heiß ist." Dann einige Atemzüge später: „Kriege ich auch eines – für den Ärger heute?" – „Aber Florian!"

An einem der nächsten Tage kam mein Sohn wutentbrannt nach Hause, warf die Schultasche in eine Ecke und gestand mir schließlich, dass Erik das Geschenk nicht annehmen wollte. „Seine Mutter hat es ihm sicher nicht erlaubt", sagte ich wütend und beschloss, es ins Geschäft zurückzubringen. „Nein", flehte mein Kind. Und als ich sogleich das Haus verließ, rannte der Bub neben mir her, Tränen des Zorns flossen über seine weichen, roten Wangen. „Du bist schuld, dass Erik und Lukas nicht mehr mit mir spielen. Weil du immer so launisch bist, wenn sie da sind." „So redest du nicht mit mir!", erwiderte ich. „Du bist nur böse, weil ich dir nicht das

Spielzeug überlasse. Du denkst nur an dich!" „Nein, das stimmt nicht, ich wollte doch mit Lukas und Erik damit spielen." Ich wusste wohl, dass es nicht die ganze Wahrheit war, dennoch wurde ich milder: „Ihr werdet euch schon versöhnen." „Dann ruf doch Doris an!" Doch das konnte ich mittlerweile nicht mehr.

Dann nahte der neunte Geburtstag meines Sohnes. Wir kauften Briefpapier, er hatte eine Liste mit Namen von Kindern zurechtgelegt, die er einladen wollte. „Lukas und Erik müssen auch kommen", sagte er plötzlich ganz aufgeregt. „Oh ja", meinte ich und spürte Hoffnung in mir. „Bitte ruf Doris an." Er nahm mein Handy und wollte ihre Nummer tippen. „Du kannst sie auch einladen, ohne dass ihre Mutter kommt", sagte ich aufgebracht und entriss ihm das Mobiltelefon. Er soll sie ruhig anrufen, nur nicht jetzt, dachte ich feige. „Dann dürfen sie sicher nicht kommen", sagte er niedergeschlagen. Da spürte ich, wie unrecht ich ihm tat, wenn ich ihn und seine Feier dazu missbrauchte auszuloten, ob sie wieder gut mit mir sein würde. Das musste ich selber regeln. Ich schämte mich.

Am folgenden Tag ging ich meinem Sohn entgegen, er würde um diese Zeit vom Hort heimgehen. Er war noch am Morgen so traurig gewesen, weil er Angst hatte, dass nur wenige Kinder zu seiner Party kommen würden. Doch nun sah ich ihn zusammen mit Erik die Gasse heruntergehen, ein milder Frühlingswind wehte. Ich blieb stehen und beobachtete sie von Weitem. Sie tauschten Sammelkarten aus, dann blieb Erik stehen, schrie Florian etwas entgegen, lief ihm hinterher, boxte ihn kurz, dann tollten sie ein Stück lachend den Gehsteig entlang, ihre schweren Schultaschen wackelten heftig. Später, bei der Weggabelung, ging der eine links, der andere rechts, sie winkten einander zu. Ich war gerührt. Sie erschienen mir wie junge Hunde, die einmal knurrten, dann wieder einander hinterherliefen.

Wie leicht es scheint, wenn Kinder sich versöhnen, dachte ich voll neuer Zuversicht. Stets ist die Verlockung des gemeinsamen Spiels stärker als das bockige Verharren in einer beleidigten Miene. Was würden sie nicht alles tun, um wieder gemeinsam zu spielen, jeder Stock am Wegesrand wäre ihnen recht, um den anderen wieder zum Spiel zu verführen.

Als ich meinen Sohn empfing, sagte ich mit zittriger Stimme: „Ihr habt euch wieder versöhnt!" Er tat etwas arrogant, als ob er sagen wollte: „Mama, was verstehst du von uns Buben!" Dann aber antwortete er: „Ja, natürlich wollen Erik und Lukas zu meiner Feier kommen, ich habe aber gesagt, sie dürfen nur kommen, wenn sie mir das Star Wars Raumschiff schenken." Ich atmete tief ein. Erschrocken über seine überhebliche Art wollte ich zu einer Predigt ausholen: „Aber Florian ..." Ich wollte von wahrer Freundschaft erzählen, von echter Versöhnung, bei der jeder darüber reden kann, was einen so verletzt hat. Ich wollte von Neubeginn reden und von der Befreiung der Seele.

Da verkrampfte sich mein Herz. Mein Bub hat mir die mit Tränen verklebten Augen geöffnet. Ja, ihr kindliches Tauschgeschäft scheint vordergründig primitiv und unehrenhaft, aber im Grunde eint sie ein stabiles Fundament: Sie wollen spielen und haben die gleichen Interessen. Dafür würden sie alles geben. Doch auf welcher Basis stand meine Freundschaft mit Doris? Es war ein noch wackeliges Gerüst gewesen. Unsere Freundschaft hatte daher nur eine Chance auf einen Neubeginn, wenn ich ehrlich wäre und zeigte, wer ich wirklich bin. Ich spürte, ein einfacher Tausch würde nicht funktionieren: Ich zahle dir einen Kakao und dann sind wir wieder gut. Im ersten Augenblick hätte ich nur das ersehnt, als ob nur sie vergeben hätte müssen. Doch wie bitter hätte dieser Kakao geschmeckt. Es war doch so viel aufgestauter Frust in mir und vielleicht auch in ihr. Ich hatte Dankbarkeit von ihr erwartet und Verständnis, dass angesichts meiner Überforderung auch ein Fehler passieren kann.

Daher hat mein Mann doch recht: Auch wenn mir alle vergeben hätten, ich hätte es nicht – ihr nicht und mir selbst nicht. Der warme Frühlingswind blies mir das Haar aus dem feuchten Gesicht. Ja, wie schön wäre es, könnten wir wie Kinder balgen und lachen. So leicht würde unsere Wieder-Annäherung nicht werden – aber jetzt sah ich einen Weg und machte den ersten Schritt: Ich verzieh mir selbst!

Regine Bogensberger lebt und arbeitet als freie Journalistin in Wien. Ihre Themenschwerpunkte sind die Bereiche Frauengesundheit und Familie. Sie ist Mutter von zwei Kindern.

Das Schöne ist immer noch da

Verena Halvax

Das mit der Lebensweisheit ist so eine Sache:
Wer sich als Eltern vom Druck frei macht, sein Kind
darin übertreffen zu müssen, kann Überraschendes erleben.

Es war ihr sechster Geburtstag. Zu diesem Anlass haben wir uns eine besondere Party für unsere Tochter ausgedacht: Sie durfte einige Freundinnen aus dem Kindergarten zu einer Geburtstagswanderung einladen. Jede Menge Abenteuer inklusive, versteht sich: Route anhand von selbst angebrachten Wegweisern finden, Schatzsuche am Ziel, Würstel grillen am Lagerfeuer, Picknick, jede Menge Spiele. Sie freute sich seit Wochen auf diesen Tag. Meine Tochter hat Ende Februar Geburtstag, normalerweise ist also an so eine Unternehmung nicht zu denken. Doch in jenem Jahr war das Wetter für die Jahreszeit ungewöhnlich mild und sonnig. Leider traf akkurat am Abend davor das Befürchtete ein: Das Wetter schlug um und es begann zu regnen. Ich bereitete meine Tochter vorsichtig darauf vor, die Wanderung um ein paar Tage verschieben oder zumindest das Programm ändern zu müssen, etwa auf das Lagerfeuer zu verzichten – was ich beides als gleich große Katastrophen einstufte. Umso erstaunter war ich über ihre Antwort, denn sie versuchte MICH zu trösten: „Mama, nicht traurig sein. Es wird auch so eine schöne Wanderung. Schau, die Sonne ist IMMER da, sie versteckt sich bloß hinter den Wolken. Wetten, sie kommt raus? Von den paar Wolken lassen wir uns doch nicht verschrecken. Da kann ich wenigstens meinen neuen Regenschirm ausprobieren.“

Ich war baff. Wieder einmal staunte ich über die Reaktion eines meiner Kinder. Kinder nehmen die Welt definitiv anders wahr. Sie nehmen das Leben, wie es ist, hadern nicht, bleiben flexibel. Sie machen aus jeder Situation das Beste.

Wenn hingegen ich mich auf etwas einstelle und darauf freue, fällt es mir schwer, später Abstriche zu machen. Alles soll so perfekt sein, wie ich mir das ausgemalt habe. Das Leben ist allerdings nicht so perfekt, wie ich mir das vorstelle, daher bin ich häufig enttäuscht. Aber Kinder? Wie oft habe ich schon Pläne geändert und zu meinen Kindern gesagt: „Es tut mir leid, wir fahren jetzt doch nicht zu Oma, mir ist etwas dazwischengekommen", oder: „Entschuldigt, aber Kino geht sich heute nicht mehr aus, wir müssen in der Stadt etwas erledigen." Natürlich sind dann meine Kinder auch enttäuscht, aber nur kurz, schon fünf Minuten später hüpfen sie zufrieden neben mir am Gehsteig her. Sie akzeptieren einfach, was ist.

Dieses Annehmen-Können von Situationen ist doch eine höchst spirituelle Eigenschaft, wie ich finde. Ich persönlich versuche, genau das zu lernen, hinke aber meinen Kindern weit hinterher. Sie dienen mir hier tagtäglich als gelebtes Vorbild und erinnern mich immer wieder an meinen Vorsatz. Über die Weisheit von Kindern, auch über die Philosophie von Kindern wurde ja schon viel geschrieben. Mich hat dieses Thema immer fasziniert, daher habe ich einige Bücher dazu gelesen. Vom Kopf her habe ich auch verstanden, worum es darin ging, aber so richtig mit dem Herzen begriffen habe ich viele der Aussagen erst durch die Erlebnisse mit meinen eigenen Kindern. Zum Beispiel wenn es darum geht, mit schlechten Stimmungen oder negativen Gefühlen umzugehen. Kinder haben hierfür wunderbare Strategien! Erst letzte Woche konnte ich das wieder beobachten. Mein Jüngster, er ist zehn, wurde von seinen älteren Geschwistern beschuldigt, unerlaubt alle Oster-Süßigkeiten aufgegessen zu haben. Sie gingen verbal ordentlich auf ihn los und schrien das alles laut raus. Er wurde zu unrecht beschuldigt, denn ich hatte die Süßigkeiten versteckt, eben damit nicht alle auf einmal gegessen würden. Doch meine Zurechtstellung kam zu spät, mein Jüngster war bereits im Innersten getroffen, er war geknickt, wütend und traurig. Laut weinend und zurückschimpfend stampfte er in sein Zimmer. Dort weinte er weiter. Kurz darauf stampfte er wieder ebenso laut aus seinem Zimmer, ging in den Garten, trat ein paar Mal mit einer Wucht auf den Fußball, kam dann ruhig herein und sagte: „So, jetzt mach ich meine Hausübung." Weg war die Wut, weg die Enttäuschung. Alles wieder in bester Ordnung. So geht das also. Kinder tragen Konflikte kurz und heftig aus, sie sagen alles gerade heraus, pfeifen dabei auf Konventionen, schlucken nichts hinunter und müssen daher auch nicht nachtragend sein. Sie lösen das schlechte Gefühl unmittelbar auf. Sie zaubern es weg, wie mein Jüngster zu sagen pflegt. Durch Schreien, Toben, Weinen, aber auch durch In-den-Wald-Gehen, Musikhören, Zeichnen oder indem sie sich Hund, Katze oder Kuscheltier anvertrauen. Lassen Sie mich die erwähnte Begebenheit noch kurz zu Ende erzählen: Während mein Jüngster sich also weinend beruhigte, sind seine beiden Geschwister in den Wald gelaufen und haben ein paar Blumen für ihn gepflückt. Als Entschuldigung. Ist das nicht ein herrliches Zeichen? Und so einfach. Wie viele Erwachsene können aus ihrer Wut nicht raus und schaffen es erst recht nicht, sich für Fehler zu entschuldigen?

„Alles, was du wirklich wissen musst, hast du schon als Kind gelernt" – dieser Buchtitel des amerikanischen Autors und Künstlers Robert Fulghum fällt mir oft ein, wenn ich meine Kinder beobachte. Die Mittel, mit denen sie ihr Leben meistern, scheinen denkbar einfach zu sein. Sie sind es eigentlich auch und doch sind sie uns Erwachsenen so unglaublich schwer zugänglich. Meine Kinder setzen in mir immer wieder einen Nachdenkprozess in Gang. Ich bemühe mich in vielem, sie nachzuahmen, ihre Mittel zu verinnerlichen. Mal gelingt es besser, mal schlechter. Sie sind meine „Gurus", wie ich sie lachend nenne. Auch wenn in diesem Fall die Lehrer-Schüler-Rollen klar verteilt sind, habe ich doch eine wesentliche Funktion in diesem Zusammenspiel: Ich sehe es als meine große Aufgabe, darauf zu achten, dass sie dieses Wissen und diese Kompetenzen behalten, sie mitnehmen ins Erwachsenenleben. Denn vieles von dem, was wir als Kinder gelernt haben, haben wir als Kinder auch wieder ver-lernt. Damit dies nicht passiert, muss ich behutsam mit ihnen umgehen, möchte sie in ihrer Art bestärken und bedanke mich immer wieder bei ihnen. Vor allem für ihre Liebe. Denn Kinder strotzen nur so vor diesem Gefühl.

Zu dieser Liebe und auch zu ihrer naturgegebenen Spiritualität will ich Ihnen noch eine Geschichte erzählen, die mich persönlich sehr berührt hat: Vor Kurzem hatte ich eine schwierige Phase. Tagelang war ich nicht gut drauf. Obwohl ich das meinen Kindern nicht so zeigen und ihnen gegenüber schon gar nicht grantig sein wollte, haben sie meinen emotionalen Zustand natürlich trotzdem bemerkt. Immer wieder versuchten sie, mich mit liebevollen Aufmerksamkeiten zu trösten und aufzumuntern. Sie halfen mir unaufgefordert in der Küche, spielten mir Lieder vor, die ihnen gut gefielen, gingen mit mir und dem Hund spazieren, was sie sonst tunlichst vermeiden, weil sie dann endlich allein zu Hause sind, pflückten mir Blumen, zeichneten etwas, schrieben mir liebe, kleine Zettel, die sie auf meinen Kopfpolster legten. An einem Abend lag ich im Schlafzimmer und weinte. Das hörte mein Jüngster, er kam herein und sagte: „Komm." Er nahm meine Hand und zog mich ins Vorzimmer, zu unserem größten Spiegel. „So, und jetzt musst du lachen", sagte er, „lach dich an." Ich schaute ihn von der Seite her an, verwundert und unwillig. „Ja, lach dich an", sagte er, „auch wenn du gerade gar nicht lachen willst. Lach schon!" Ich versuchte einen Grinser. Es misslang. „Du musst gar nicht wollen, Hauptsache du lachst. Du wirst sehen, wenn du eine Zeit lang lachst, selbst wenn es nicht echt ist, musst du auf einmal wirklich lachen. Ich kenne das schon lange. Das ist ein Geheimtrick", sagte mein Sohn. Mir wurde ganz warm ums Herz. Ich wollte ihn umarmen und an mich drücken, aber er wies mich zurück und befahl mir erneut zu lachen. Nun bemühte ich mich ernsthaft, das zu tun, was er mir befohlen hatte. Ich lachte mich an. Zuerst lautlos, dann hörbar. Er schien zufrieden zu sein, denn er nickte bekräftigend. „Weiter so", sagt er. Ich sah meine verweinten Augen, meine Falten, meine schiefen Zähne und fand das alles nicht zum Lachen. Aber ich lachte. Ein paar Sekunden lang. Ich lachte weiter und auf einmal musste ich richtig lachen. Er hatte recht! Und lachte gleich mit. Jetzt durfte ich ihn umarmen. Es war eine einzigartige Lebenserfahrung, die ich hier mit meinem Sohn machte. „Wahrscheinlich verbergen sich Glückseligkeit und Liebe immer irgendwo in einem geheimen Kämmerlein unseres Bewusstseins, und es bedarf keiner großen Anstrengung, diese Gefühle zu wecken" (Robert Fulghum). Jedenfalls nicht für Kinder, möchte ich hinzufügen. Und wie sagte meine Tochter so schön, als bei ihrer Geburtstagswanderung dann tatsächlich die Sonne herauskam: „Schau Mama, die Sonne ist immer da. Und jetzt können wir sie sogar sehen."

Verena Halvax lebt als selbstständige Autorin und Publizistin in Linz. Für „Welt der Frau" hat sie unter anderem den Pilgerführer „Neue Wege" geschrieben. Sie ist Mutter dreier heranwachsender Kinder.

3. Kapitel

Chillen für Eltern

Mensch, ärgere dich nicht!

Barbara Brunner

Ist es ein Nachteil, spät Eltern zu werden? Nein.
Wenn man ein kluges Kind hat und gescheit genug ist,
auch dann von ihm zu lernen.

Ich war eine sogenannte späte Mutter, mein Mann ein ebenso später Vater, und gemeinsam waren wir sehr glückliche Eltern mit unserer kleinen Tochter Maria Carolina, genannt Caro. Viel und gerne wird über späte Eltern diskutiert, die Vor- und Nachteile werden aus pädagogischer Sicht gewogen, für gut oder für schlecht befunden – meinem Mann und mir war das völlig egal. Wir fanden, dass für unser Kind die Vorteile überwogen – wir waren finanziell schon weitgehend abgesichert, ich selbst hatte kein Problem damit, eine Karriere-Pause einzulegen und mir in der Zeit der Karenz einen beruflichen Neustart zu überlegen. So wuchs unsere Tochter geborgen und sehr geliebt auf.

Sicher haben wir sie ein wenig verwöhnt und mir ist erst später klar geworden, dass ich in mein Kind vieles von dem hineingepackt habe, was ich mir selbst als Kind sehnsüchtig gewünscht hatte, aber eben nie haben konnte: Meine Freundin in der Volksschule war zwar kein hübsches Kind, klug war sie auch nicht, aber sie hatte immer schöne Kleider an, die ihre Eltern mit ihr in einem noblen Kindergeschäft in Salzburg kauften. Für mich hingegen gab es nur die alten Sachen, die schon meine Cousine und meine ältere Schwester getragen hatten. Beide waren eher dick, ich dagegen ein ziemlich mageres Kind, den Rest überlasse ich Ihrer Fantasie. Verständlicherweise war es einer meiner großen Kinderträume, dass meine Eltern auch einmal mit mir in ein Kindergeschäft gehen und nur für mich alleine etwas Schönes zum Anziehen kaufen würden. Dieser Traum blieb unerfüllt, weshalb ich später für meine Tochter mit Leidenschaft schöne Kleidung kaufte (wobei ich vermute, dass gerade diese unserem Kind völlig gleichgültig war, dass Jacadi-Kleider, Blusen, Haarreifen, Socken, Schuhe und Jacken mehr fürs Mutterherz und -auge als für die Kinderseele geschaffen sind). Aber auch Ballettstunden, Ferien am Reiterhof oder Sprachreisen waren kein Problem.

Meine Wiener Schwiegermutter hatte ihren einzigen Sohn auch sehr spät bekommen, mitten im Krieg, und ihr späterer Lebensinhalt war es, ihren Buben zu behüten und vor allem Unbill des Lebens zu bewahren, wobei ich ihr unterstelle, dass das Behüten ein gewisser Selbstschutz war. Indem sie ihrem Sohn überhaupt keine Freiheit ließ, musste sie sich auch keine Sorgen um ihn machen – dies ging so lange gut, bis meinem Mann die Flucht vor dem mütterlichen Würgegriff gelang und er seither allen Erziehungsprinzipien mit einer gewissen Skepsis begegnete.

Ich selbst hatte zwar eine etwas karge, aber trotzdem sehr glückliche Kindheit, meine Eltern waren streng, aber liebevoll. Mein Vater musste mit der Tatsache leben, statt zwei Söhnen mit zwei Töchtern gesegnet zu sein, was sich darin ausdrückte, dass es keinerlei „Verweichlichung" im Erziehungsprogramm gab; meine Mutter war zeitlebens Hausfrau, die sehr darunter litt, nichts als eisernes Sparen zum Haushaltsbudget beitragen zu können, weshalb ihr gebetsmühlenartig vorgetragenes Credo war: Nur was ihr lernt, kann euch keiner nehmen. So wurden meiner Schwester und mir Disziplin und Leistung als die wichtigsten Lebensprinzipien eingeimpft.

Vermutlich wollen viele junge Eltern ihre Kinder anders erziehen, als sie selbst erzogen worden sind. Mein Mann und ich wollten es definitiv anders, heißt besser machen und standen den vielen tradierten pädagogischen Prinzipien mit tiefer Skepsis gegenüber. So waren wir z.B. nicht der Ansicht, dass ein Kind unbedingt um Punkt 19 Uhr im Bett sein müsse, wir waren auch nicht davon überzeugt, dass unser Wort immer Gesetz sein sollte, es war uns vielmehr wichtig, dem Kind auch zuzuhören, Caros Argumente nicht einfach vom Tisch zu wischen. Was wir dabei nicht in Betracht zogen und sicher nicht in der Form wollten, war, dass sich Caro im Lauf der Jahre zu einer begnadeten Verhandlerin entwickelt hat, frei nach dem Motto: Irgendetwas ist immer noch bei Vater oder Mutter herauszuholen, wegzudiskutieren, zu verändern. Sie hatte aus dem Bauch heraus mehr an Rhetorik-Tricks auf Lager, als ich später in vielen Rede- und Argumentations-Seminaren als großartige Strategien vorgesetzt bekomme habe.

Caro war damals elf Jahre alt und ging in die erste Klasse des Akademischen Gymnasiums in Salzburg, als eines Morgens – wieder einmal – das Zeit-Management kläglich versagte und irgendwelche Schulsachen nicht aufzufinden waren. Es regnete Schusterbuben und bald war klar, den Bus in die Schule erwischt Caro nie und nimmer.

Also übernahm ich wie schon so oft die Rolle des Schultaxis – weil mein Mann pünktlich ins Amt musste und ich mit meinem eigenen PR-Büro in den Augen meiner Familie ohnehin über unbegrenzte Zeitressourcen verfügte. Wir leben außerhalb von Salzburg, was bedeutete, fünf Kilometer in die Stadt und genauso viele wieder aufs Land zu fahren, und das natürlich in der Rush-Hour. Meine Laune war daher nicht gerade glänzend, aber Caro saß ganz zufrieden auf dem Nebensitz im Auto und dachte laut über die Gestaltung ihres Nachmittags nach; damit meinte sie, um Missverständnissen gleich vorzubeugen, ganz sicher nicht das Lernen. Ich merkte, wie sich mein Entspannungsfaktor auf null zubewegte und als dann Fräulein Tochter noch ganz unschuldig fragte, ob ich sie mitten am Nachmittag von der Reitstunde abholen und zu einer Freundin bringen könnte, zuckte ich aus. In einem theaterreifen Stakkato erklärte ich ihr, wie viel Arbeit ich im Büro hätte, wie stressig gerade jetzt die paar Veranstaltungen seien, die ich organisieren müsse, dass ich die Steuererklärung noch nicht fertig habe und ÜBER-HAUPT ... Und dass sie bitteschön auch einmal daran denken könne, wie ich mit meiner Zeit zurande käme, mit Büro, Haushalt, Beim-Lernen-Helfen und ÜBERHAUPT könne sie sich in Englisch mehr anstrengen, von Mathematik wollen wir jetzt einmal gar nicht reden und wieso sie den Geografie-Test verhaut habe, frage ich mich und sie auch und ... der Saustall in ihrem Zimmer spotte jeder Beschreibung und meinen Lieblingspullover habe ich auch in ihrem Schrank gefunden ...

Diese Suada hörte sich Caro mit einer erstaunlichen, fast beleidigenden Gelassenheit an. Jetzt war ich im Begriff, den Faden zu verlieren, weil: Wie jetzt, kein Gegenargument, warum sich in meinem Zeitplan am Nachmittag so eine winzige Stunde Taxidienst doch locker ausgehen müsste? Nichts von wegen, sieh es doch einmal ganz anders, Mama, Reiten ist wichtig, weil es a) Sport ist und b) der Umgang mit Pferden den Charakter formt, wie du immer sagst, und der Nachmittag dann mit Leni ist schon deshalb wichtig, weil sie mich braucht, verstehst du, sie hat Probleme und braucht mich ...

Nix von alledem. Ich hole Luft, um meinen Argumenten den finalen Kick zu geben, als Caro mit ganz freundlicher Stimme sagt: „Ganz verstehe ich dich nicht, Mama, ich hab dich etwas ganz Einfaches gefragt und du hättest mit Ja oder Nein antworten können.

Stattdessen kippst du mir deinen ganzen Bürofrust vor die Füße, von all den anderen Sachen will ich jetzt gar nicht reden."

Und dann lachte sie mich ganz lieb an und meinte: „Weißt du was, fangen wir noch einmal von vorne an, ich frage dich jetzt noch einmal und du antwortest, ob du mich abholen kannst oder nicht. Ist doch ganz einfach!"

Schneller hätte mir niemand den Wind aus den Segeln nehmen können und ich war so platt, dass ich lachen musste. Zu meiner Ehrenrettung darf ich anmerken, dass meine Antwort auf die freundliche Frage ein ebenso freundliches Nein war und die nachfolgende Diskussion nur deshalb kurz, weil wir bei der Schule angekommen waren.

Eigentlich genial, dachte ich mir am Rückweg ins Büro, das hat Potential: Wenn ein Gespräch, eine Diskussion schiefläuft, einfach die Notbremse ziehen und das Gespräch neu beginnen. Nochmals die Argumente neu sortieren, vielleicht dann auch anders gewichten, besser zuhören und respektvoller antworten ... Denn was macht es schon aus, auch bei komplexen Sachverhalten, um nicht gleich das Wort „Probleme" zu strapazieren, nochmals an den Anfang zurückzugehen, nochmals neu zu beginnen und vielleicht eine andere Lösung zu finden?

Beobachten wir doch kleine Kinder, wie sie hingebungsvoll einen Turm aus Bausteinen bauen, diesen mit großem Vergnügen umwerfen, um ihn dann nochmals etwas anders wieder aufzustellen ... das sollten wir uns vor Augen halten, um es nicht gleich als eigene Niederlage zu sehen, wenn die Lösung nicht auf den ersten Anlauf gelingt. „Mensch, ärgere dich nicht" sollte Programm sein, wenn es wieder einmal gilt, an den vorläufigen Ausgangspunkt zurückzukehren. Fangen wir nochmals von vorne an – ein Gespräch, eine Aufgabe, auch ein Spiel, es ist keine verlorene Zeit.

Caro und ich haben das „Falsch gelaufen, fangen wir nochmals von vorne an" auch in den späteren Jahren immer wieder mit Erfolg eingesetzt, da wir – beide im Sternzeichen des Löwen Geborene – gerne temperamentvoll aneinandergeraten sind.

Aber: An diesem besagten Nachmittag fuhr Caro nach der Reitstunde alleine mit dem Bus nach Hause und Leni kam gegen Abend zu uns, um mit Caro ihre – ich vermute – Liebesprobleme zu besprechen. Einen kleinen Teilsieg darf man sich schon gönnen, oder?

Barbara Brunner ist seit vielen Jahren in der Öffentlichkeitsarbeit für die Buchbranche tätig. Zudem engagiert sie sich im Netzwerk der Salzburger Medienfrauen. Sie lebt in Anif bei Salzburg.

Buben sind anders. Mütter auch.

Caroline Kleibel und Anja Pia Eichinger

Zwei „bekennende Bubenmütter" wurden fast zeitgleich
mit einer Krebsdiagnose konfrontiert. Daraus entwickelte sich
ein reger Email-Austausch über Lebens- und Lernerfahrungen.
Auch mit den jeweiligen Kindern.

Betreff: Das Tier in mir

Liebe Anja,

jetzt ist es so weit. K. ist heute ausgezogen. In eine WG. Mit Freunden. F. ist ja schon vor einem Jahr zum Studium nach Wien übersiedelt. Das leere Kinderzimmer ist wie ein weißes Blatt. Plötzlich ist wieder alles möglich. Und doch fällt es schwer, den ersten Veränderungsschritt zu setzen. Den ersten Buchstaben zu Papier zu bringen. Da hängt noch so viel in diesen vier Wänden. Und ich meine nicht die halb abgerissenen Poster oder die kreativ kreuz und quer hingepickten Sammelsticker. Vor allem und ganz dick hängen da Erinnerungen drinnen. An Kinder, die schon ab und an wieder zu Besuch kommen werden, deren Lebensmittelpunkt nun aber woanders ist.

Schön waren die vergangenen 22 Jahre. Auch ganz schön anstrengend, konfliktbeladen, nervenaufreibend und doch voller Glücksmomente. In jedem Fall lehrreich. An jedem einzelnen der rund 8 000 Tage, die ich mit meinen Söhnen verbracht habe, konnte ich etwas Neues lernen – über sie, über mich, über die Welt rundum. Die letzte Lernerfahrung ist noch ganz frisch, rührt her aus den Tagen der Wohnungssuche. Waren zuvor K.s Auszugspläne über Monate eher vage gewesen: „Ich zieh' dann eh gleich aus …"

(Dieses „gleich" mit aufschiebender Wirkung, das ich so gut kenne von: „Ich räum' gleich mein Zimmer auf", „Ich komm' gleich Tisch decken".) Diesen Schwamm von einer Zeitangabe hatte K. schon länger herumgedrückt. Als er dann das Inserat las, überschlugen sich die Ereignisse. Seine Augen leuchteten, alle Lebensgeister erwachten und ich konnte teilhaben an seinem unmittelbaren Selbstständigwerden.

An dem wunderbaren „Hoppla, jetzt komm ich. Und mir gehört die Welt"-Gefühl, an dieser unbändigen Vorfreude, die sogar meine eigene Wehmut etwas besänftigte. „Wie man nur so strahlen kann?", dachte ich mir und gleichzeitig blinkte die kleine Erfahrungswarnlampe rot auf, die da meinte: „Wenn etwas zu gut ist, um wahr zu sein, dann ist es meistens nicht wahr." Guter Preis, gute Lage, perfekt eingerichtet. Ein charmanter Vermieter, der sofort per Vornamen mit K. korrespondierte.

Als er dann im Gegenzug für den Schlüssel zur Erstbesichtigung die Kaution und eine Monatsmiete im Vorhinein auf ein Nummernkonto auf den Cayman Islands überwiesen haben wollte, schrillten bei mir – und vielleicht auch bei ihm – alle Sirenen. Eine kurze Recherche ergab, dass es sich tatsächlich um einen aktuellen Trick handelte, jungen Menschen an der Schwelle zum ersten Eigenheim das Ersparte aus der Tasche zu ziehen. Dass mein Sohn beinahe einem Betrüger aufgesessen war, dass seine Freude genauso zerstört war wie sein Glaube an das Gute im Menschen, das hat in mir noch einmal mit Vehemenz das Muttertier geweckt. Was sag ich, das Tier? Die Bestie!

K. war wahrlich nicht immer ein Engel gewesen. Welches Kind ist das schon? Ich habe ihn nicht zu allen Zeiten in den höchsten Tönen gelobt. Wahrscheinlich viel zu wenig gelobt. Doch habe ich gelernt, sobald Unheil von außen dräut, wachse ich über mich hinaus. In solchen Fällen sind meine Prioritäten klar gesetzt. Dann weiß ich, was wirklich wichtig ist. Dann werde ich, auch wenn die Kinder weg sind, immer für sie da sein.

Fuxteufelswild,

Caroline

PS: Das mit der WG, in die K. nun zieht, hat sich wie von selbst ergeben. Eine feine Lösung. Alles hat eben seine Zeit. Und wie geht es dir mit J.?

Betreff: „Mama, es geht hier um mich"

Liebe Caroline,

als mir J. vor zwei Jahren eröffnete, dass er nach Wien ziehen möchte, war mein erster Gedanke nicht „Schafft er das?", sondern „Schaffe ich das?". Kann ich „das Kind" – er war damals 19 – schon gehen lassen? Noch dazu hatte er gerade die Zusage für einen Ausbildungsplatz in Salzburg bekommen und nun wollte er diesen absagen und lieber in Wien arbeiten. Viele Argumente sprachen für mich dagegen, ein ganz wesentliches im Endeffekt dafür: Es war seine Entscheidung. Es ist sein Leben. Und, ganz wichtig, es ging dabei nicht um mich.

Genau das hatte J. mir Jahre zuvor einmal an den Kopf geschmissen, nach einer für diese Zeit typischen Diskussion (über sein Benehmen, sein mangelndes Engagement in der Schule und zu Hause), in der ich endlos viele pädagogisch wertvolle „Ich-Botschaften" Richtung Kind gesendet hatte. Er hat mich angeschaut und gesagt: „Ja, Mama, aber hier geht es nicht um dich!" Und jetzt, nachdem aus dem trotzig-aufmüpfigen Jugendlichen ein junger Erwachsener geworden war, war es wieder so.

Es ging nicht um mich, meine Ängste, meine sich im Kreis drehenden Gedanken, meine schwarzen Fantasien, die vor allem in der

Nacht mit mir durchgingen. Es ging einfach und alleine darum, was J. will. Wo er sich sieht. Was er sich zutraut. Ich musste endgültig einen dicken, fetten Schlussstrich unter den Lebensentwurf setzen, den ich ihm zugedacht hatte – Matura, Studium, prestigeträchtiger Job –, den ich ihm gerne ermöglicht hätte. Den er so aber nicht leben wollte.

Da stand es nun, das große Kind, und sprach: „Ich muss mal weg und endlich selbstständig werden. Es geht ja nicht, dass immer du alles für mich machst." „Ja, aber ...", wollte ich rufen, „ich habe das doch immer gerne getan." Doch ich schwieg und half ihm, seine Koffer zu packen.

Allmählich hatte wohl so etwas wie ein Lernprozess bei mir eingesetzt: Kinder wissen erstaunlich oft ganz genau, was ihnen guttut. Und wann ihnen etwas guttut. J. hat sich selbst abgestillt, selbst entschieden, wann es an der Zeit ist, alleine in seinem Bett zu schlafen, und in einem leidenschaftlichen Plädoyer seinen Schulabbruch argumentiert. Und nun wollte er in Wien leben und arbeiten. Er ist dabei, seinen ganz eigenen Weg einzuschlagen. Und er macht das gut. Ist das nicht das schönste Geschenk, das man von seinen Kindern bekommen kann?

Und so ganz nebenbei: Ich habe es genossen, dass er weg war. Welche Befreiung. Welche Unabhängigkeit. Kein „Hunger!" mehr. Kein „Kannst du mich fahren?". Keine Krümel mehr auf dem Sofa. Keine Socken (leere Joghurtbecher, Kekspackungen, Mandarinenschalen, Staubmäuse) mehr unterm Bett.

Darf man froh sein (und ich meine so richtig froh!), wenn die Kinder endlich aus dem Haus sind, liebe Caroline?

Bis bald,
Anja

Betreff: Froh zu sein bedarf es wenig …

Liebe Anja,

ob man froh sein darf, wenn die Kinder weg sind?
Ich bewundere das evolutionsbiologische Modell der Spitzhörnchen,
die ihre Kinder in ein anderes Nest setzen und sie dort alle paar Tage
besuchen. Selber bin ich nicht so cool. Habe seit dem Auszug ein
weinendes und ein lachendes Auge. Buchstäblich. So wie F. das immer perfekt konnte, wenn er vordergründig um etwas bitzelte, ihm
aber schon wieder der Schalk im Nacken saß. Das ist auch so eine
Fertigkeit, um die ich die Buben beneide: Aus ihren Herzen keine
Mördergrube zu machen, Ärger nicht einfach hinunterzuschlucken,
sondern aktiv abzubauen, auszurasten. Und sich dann ebenso schnell
wieder abzuregen. Bei mir braucht's ewig, bis ich mich zur Wehr
setze. Ist dann aber der Damm gebrochen, gibt es kein Zurück. Ich
gestehe, ich bin nachtragend. Eine Eigenschaft, die beiden meiner
Kinder sowas von fremd ist. Auch wenn sie früher stritten, wenn es
hagelte, blitzte und donnerte, war's doch gleich vorbei. Die Sonne
schien wieder. Nur ich stand noch im Regen.

Du hast so recht, Anja, es geht hier nicht um uns. Sie werden ihren
Weg finden. Aber eben den Ihren. Meine Träume sind nicht die der
Kinder, sie haben andere Vorstellungen vom Leben. Daran musste
ich mich auch erst gewöhnen. Ich lese gern, schreibe gern, spiele mit
Worten. F. hat freiwillig noch kaum je ein Buch gelesen. Ich habe
als Schülerin von meinem Taschengeld heimlich Nachhilfestunden
in Mathematik genommen. F. hat es trotz aller Unterstützung ge-
reicht, sich irgendwie durchzuwursteln. Und nicht einmal das ist
gelungen. Klasse wiederholt. Mehrfach die Schule gewechselt. Ein
Zusatzfach noch bei der Matura. Umwege, sagt er, erweitern die
Ortskenntnis.

13 lange Schuljahre wurde F. an dem gemessen, was er nicht konnte – Rechtschreiben, laut Vorlesen, sein Zeug in Ordnung Halten.

Erst jetzt kann er zeigen, was wirklich in ihm steckt. Er beschäftigt sich mit Enthalpie und Entropie, mit Orbitaltheorien und der Avogadro-Konstante. Buben sind eben anders. Mütter auch. Er lenkt das Auto forsch in den Kreisverkehr, wiewohl ihm ein Lastwagen die Sicht verstellt. Er fährt nach dem physikalischen Prinzip, dass, wo ein Körper ist, kein zweiter sein kann. Ich denke da schon wieder viel zu kompliziert. Typisch Mutter eben. Und auch meine – wie F. es nennt – „permanente Unfallhaltung" stört ihn. „Entspann dich", rät er mir und ich drücke die Knie nicht mehr ganz so fest gegen meine Ohren. Alles in allem bin ich deutlich unerschrockener geworden. Gelassener, aber nicht gleichgültig. Erstaunlich, wie die Kinder uns die Welt erklären. Und Fragen stellen, die wir uns sonst nie gestellt hätten. Wie die bis dato unbeantwortet gebliebene: „Mama, warum sind in der Mehrzahl eigentlich alle weiblich? Sogar DIE Buben?"

Was hast du sonst noch von J. gelernt? Wäre dein Leben ein anderes geworden?

Fragt dich (und sich) deine

Caroline

Betreff: Tobsuchtsanfälle

Liebe Caroline,

ob mein Leben ein anderes geworden wäre, wäre ich nicht Mutter geworden? Diese Frage kann ich mit Sicherheit mit „Ja" beantworten. Es wäre weniger schön, weniger aufregend und mit Sicherheit auch weniger anstrengend geworden. Vielleicht wäre ich ohne Kind heute so richtig, richtig berühmt, vielleicht würde ich aber auch noch immer studieren und wäre völlig planlos – weil eines hat J. vor 21 Jahren in unser damals junges Studentenleben gebracht: Struktur. Verantwortungsbewusstsein. Und so viel Liebe, dass es manchmal fast wehgetan hat. Nie hätte ich für möglich gehalten, dass so ein kleines Wesen so ein Gefühlsfeuerwerk auslösen kann. Ich war vom ersten Augenblick an „Mama". Und ich habe es geliebt. Auch wenn mir diese Symbiose zwischen mir und meinem Sohn oft die Luft zum Atmen genommen hat. Bis heute ist sie da, diese unsichtbare Nabelschnur. Dieser kurze suchende Blick, wenn ihn etwas verunsichert (und den ich spüre, selbst wenn ich mit dem Rücken zu ihm stehe). Das ist vielleicht wieder so etwas, was ich von J. gelernt habe. Er konnte immer Schwäche zeigen. Und hatte gleichzeitig diesen kindlichen Ehrgeiz, etwas unbedingt schaffen zu wollen. Zu beweisen, dass er es alleine kann. J. konnte wahnsinnige Tobsuchtsanfälle kriegen, wenn etwas nicht so lief, wie er sich das vorstellte, wenn er von etwas oder jemandem enttäuscht war – das hat mich oft völlig sprachlos gemacht, weil ich immer mehr der Typ war, der seine Wunden im Stillen geleckt hat und dem schnell etwas peinlich ist. Und tobende Kinder sind peinlich. Was J. herzlich egal war.

Und das ist bis heute so: Wenn ihn etwas ärgert oder aufregt, dann muss er das lautstark rauslassen, dann sind ihm die anderen Leute egal, dann sagt er seine Meinung. Ein bisschen mehr Diplomatie wäre da vielleicht manchmal angebracht. Vielleicht aber auch nicht. Vielleicht sind wir viel zu diplomatisch, harmoniesüchtig und feige. Vielleicht sollten wir auch öfter einfach mal losbrüllen, wenn uns etwas oder jemand auf die Nerven geht oder wenn wir etwas ungerecht finden. Was meinst du, liebe Caroline, so ein gepflegtes Auf-den-Boden-Schmeißen im Supermarkt, das hätte doch was, oder?! Sag, wie sind F. & K. eigentlich mit deiner Krankheit umgegangen? Hat sich das Verhältnis zu deinen Söhnen in dieser Zeit verändert? Bin wie immer gespannt auf deine Antwort!

Ich umarme dich!
Liebe Grüße von deiner Anja

Betreff: Interregnum

Stehen wir doch wieder auf vom Supermarktboden, liebe Anja, und bleiben noch kurz bei der Diplomatie!

K. ist da ein echtes Naturtalent. Folgende Episode aus tiefen Kindestagen: Er – vielleicht drei Jahre damals – und ich sind in der Stadt unterwegs. Plötzlich bleibt er stehen, strahlt mich an und sagt: „Mama, ich hab dich soo lieb!" „Ich dich auch, mein Schatz!" „Und hast du mich auch noch lieb, wenn ich grad in die Hose gemacht habe?" Entwaffnend!

Bis heute schafft es K., unliebsamen Aufgaben aus dem Weg zu gehen, indem er erst einmal „Ja" sagt – „Guter Bub," denkt ein jeder –, es aber dann nie tut. F. hingegen argumentiert wortreich, warum er dieses oder jenes grad nicht machen kann und fängt sich dafür allgemeinen Unmut ein. Tut es dann doch. Beide gleichen Geschlechts, beide gleich erzogen. Denkste. Und doch so grundverschieden. Einer in seinem Wesen ganz der Vater. Ruhig, selbstbewusst und konsequent – um nicht zu sagen stur. Der andere zerstreut, leicht ablenkbar, verhaltensoriginell. Weniger gut umgehen kann und konnte ich seit jeher mit der Spiegelung des Selbst. Nichts fordert mehr, als die eigenen Unzulänglichkeiten vorgeführt zu bekommen. Aber vielleicht ist Erkenntnis ja der erste Schritt zur Besserung.

Die Krankheit und der Umgang damit? Wenn wir hier von Lernerfahrungen reden, dann war das unterm Strich wohl die dramatischste. Ich war in all den Erziehungsjahren nie krank. Kaum ein Schnupfen und dann gleich sterbenskrank. Das war ein Schock. Ein Einschnitt. Ein Drücken der Reset-Taste. Dabei war ich mit meinem Leben im Grunde nie unzufrieden gewesen. Mit einem Schlag war alles anders. Ich sechs Monate im Krankenhaus und die drei Männer wie Kevin allein zu Hause. Samt Einbruch. Freilich psychologischer, nicht krimineller Natur. Ich nenne die Zeit für mich Interregnum, weil plötzlich die Hierarchien durcheinandergerieten, die Führung weg war. Man wächst mit der Herausforderung, Krisen stärken und aus Fehlern lernt man und doch hätte ich meine Söhne nie absichtlich auf eine derart harte Bewährungsprobe gestellt. Was soll ich sagen, sie haben es grandios gemeistert. Gelernt zu bügeln. Gelernt, Bananen zu wiegen, weil sonst an der Kassa peinlich. Gelernt, dass Schweinsripperl nur scheinbar perfekt in eine Rehrückenform passen, darin leider recht trocken werden. Sie waren auf sich gestellt. Zum ersten Mal im Leben. Und haben es geschafft. Ich war auf mich gestellt. Zum ersten Mal im Leben. Ich zuerst. Und das war heilsam.

Dass K. letzthin tönte, er werde in der WG nicht kochen, sondern immer essen gehen, weil das Einkaufen einfach zu teuer sei, hat mich in der beruhigenden Gewissheit bestärkt, dass er die traumatische Zeit überwunden und vergessen hat. Ende gut, alles gut. Wenn es noch nicht gut ist, war's noch nicht das Ende. Das Ende unserer Beziehungsarbeit sicher nicht, denn da ist die einzige Konstante die Veränderung. Damit alles so bleibt, wie es ist, muss sich alles verändern. In diesem Sinne freue ich mich und bin schon gespannt auf alles, was noch kommt. Auch darauf, was von dir noch kommt – an Einsichten und Ansichten, liebe Anja.

In Freundschaft
deine Caroline

Betreff: Vom Ja-Sagen und vom Loslassen

Meine liebe Freundin,

hab lachen müssen, als ich bei dir gelesen habe, dass auch K. die Kunst des diplomatischen Ja-Sagens beherrscht. Ich kann mich erinnern, dass ich mich eines Tages zu wundern begann, dass J. plötzlich auf ALLES, was ich ihm an- und auftrug, ganz freundlich mit

„Ja" antwortete. Bis ich ihn mit der Überraschungsfrage: „Was habe ich gerade gesagt?" aus seiner „Ja-Meditation" herausgerissen habe. Mit großen Augen schaute er mich an und seufzte: „Ich hab keine Ahnung ...!" Das habe ich auch gelernt – dass es überhaupt keinen Sinn hat, fünf Anfragen und Aufträge und dann vielleicht noch zwei bis drei Kritikpunkte auf einmal beim Kind zu deponieren. Ein, maximal zwei reichen. Und die möglichst kurz und knackig formuliert. Mehr kommt eh nicht an.

Sehr schwer habe ich mir bei einer einzige Botschaft getan, sie an meinen Sohn weiterzugeben – und zwar die, dass ich an Brustkrebs erkrankt bin. Wahrscheinlich war es kein Zufall, dass ich eine Autofahrt dafür gewählt habe. J. und ich haben fast alle wichtigen Gespräche in seiner Jugend im Auto miteinander geführt. Man ist sich nah, aber nicht zu nah, muss sich nicht ins Gesicht schauen – ein perfektes Szenario für Mutter-Kind-Gespräche. Also habe ich es ihm gesagt, als ich ihn mal wieder bei einem Freund abgeholt habe. Er war der letzte der Menschen in meinem Umfeld, denen ich persönlich von meiner Erkrankung erzählt habe. Das Gespräch mit ihm habe ich so lange wie möglich aufgeschoben. Es war wie bei dir, liebe Caroline, J. hat mich eigentlich nie krank erlebt und jetzt musste ich ihm sagen, dass ich eine Krankheit habe, die lebensbedrohlich sein kann. Ich konnte es nicht aussprechen. Ich habe es nicht geschafft, zu sagen: Ich habe Krebs. Das hat schließlich er getan. Und dann die restliche Autofahrt meine Hand gehalten. Am Parkplatz hat er mich ganz fest in den Arm genommen und gesagt: „Das schaffen wir, Mami." Und „wir" haben es geschafft.

Das mit dem Schwächezeigen ist mir nicht ganz so gut gelungen. Sobald J. in der Nähe war, habe ich mich „zusammengerissen", bis er zu mir gesagt hat: „Wegen mir musst du nicht immer stark sein!" Meine Krankheit ist übrigens mit dem Zeitpunkt zusammengefallen, an dem J. nach Salzburg zurückgekommen und wieder zu Hause eingezogen ist. Für mich war es sehr schön, ihn in dieser Zeit in meiner Nähe zu haben. Inzwischen hat er berufsbegleitend eine Ausbildung begonnen und in den nächsten Monaten steht sein wohl endgültiger Auszug bevor. Diesmal fällt es mir leichter, ihn gehen zu lassen. Immer mehr wird es eine Beziehung auf Augenhöhe zwischen uns – obwohl, neulich habe ich ihn wieder einmal des diplomatischen „Ja-Sagens" überführt :).

Bis bald, liebe Caroline!
Deine Anja

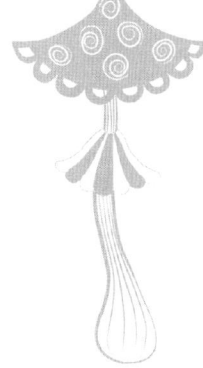

Caroline Kleibel lebt und arbeitet als freie Journalistin, Autorin und Biografin in Salzburg. Sie ist Mutter zweier studierender Söhne.

Anja Pia Eichinger ist Journalistin und Öffentlichkeitsarbeiterin. Ihr 21-jähriger Sohn arbeitet in einem Lebenshilfe-Wohnhaus und absolviert eine berufsbegleitende Ausbildung zum Behindertenbetreuer.

Chill dich, Mama!

Maria Harmer

Um zu lernen, wie man sich entspannen oder ganz vertiefen kann, muss man keine teuren Seminare buchen. Wozu hat man Kinder?

„Chill dich, Mami!" – echtes „Neuhochdeutsch" und Teenager-Sprechweise als Antwort unserer 15-Jährigen, was sie denn mit ihren ausländischen Freundinnen am gemeinsamen Wochenende bei uns in Wien vorhat. (Ich hatte ohnehin altersadäquat „Was ist der Plan?" gefragt.) Im Endeffekt wollten sie „einfach alles auf sich zukommen lassen" und sich nicht durch fixe Termine oder unumstößliche Pläne eingeschränkt fühlen.

Etwas anders als ich, die Mutter, Hausfrau und Effizienz-Managerin der Truppe, die wenigstens halbwegs vorher wissen wollte, ob ich a) etwas aus dem Tiefkühler holen und auftauen sollte, b) einen Großeinkauf machen sollte, c) Betten überziehen und schlussendlich d) meine Pläne und Termine auf die der jugendlichen Gästeschar abstimmen sollte. In meiner Naivität dachte ich an „Basic Sightseeing" inklusive Stephansdom (nicht nur das Kirchenschiff, sondern auch Turmbesteigung und Krypta), „Vienna Time Travel" (die Vienna History Show mit 5D-Kino ...), Hofburg, Kapuzinergruft und vielleicht sogar an ein Museum – von innen!

Nicht, dass sich unsere Tochter nicht für Geschichte interessiert; im Gegenteil! Sie wollte nur keinen „ungechillten" Zeitplan aufgedrängt bekommen. Also keine Reservierungen, Fix-Buchungen oder ähnliches Zeugs. Dafür Zeit. Auch für spontane Ideen. Kreativ sind sie ja allemal, diese Teenager! Und fit – sowohl der Körper als auch der Geist!

Am Ende war es ein herrliches Wochenende! Die ausländischen Freundinnen übernachteten bei uns inklusive Vollpension; dazu kam eine nicht immer vorher ganz zu definierende Zahl von zusätzlichen Esserinnen und hereinschneienden Freundinnen. Ein ganz passables Kulturprogramm und auch viel Zeit für wichtiges weibliches Teenager-Shopping mit zugegeben einigen sehr hübschen neuen Paaren Ohrringen und auch T-Shirts sowie „Boxenstopps" bei gesunden und vitaminreichen „mega-in" seienden Lokalitäten, die frische Säfte pressen.

Und die „Moral von der Geschichte"? Die gut organisierte Mutter hätte zwar sicher ein straffes Kulturprogramm organisiert, aber unzweifelhaft zu wenig Zeit zum „chillaxen" (eine Mischung aus „chillen" und „relaxen"; wichtiges Vokabel) eingeplant und wäre wohl mit der Trillerpfeife schon morgens im Schlafzimmer der Mädels gestanden, um nur ja keine kostbare Zeit zu vergeuden. Klingt nicht sehr gemütlich ...

Zweites – sehr persönliches – Beispiel: unser Sohn. Ein energiegeladener, sehr lebendiger und aufgeweckter 13-Jähriger. 50 Minuten pro Schulstunde kommen ihm schon seit der 1. Volksschule unendlich lang vor. (Aber wenn ihn ein Lehrer für seinen Stoff begeistert, dann ist er mit 120 Prozent dabei!)

Ein Wochenende am Land. Er zieht zu Fuß los, um ein paar Schläge auf der „Driving Range" des lokalen Golfplatzes zu machen. Nach kurzer Zeit ein totaler Wetterumbruch: dicke Wolken und ein Dauerregen bei gleichzeitigem Temperatursturz. Kein triefnasses Kerlchen kommt zum Haus zurück. Verwunderlich! Ob er im Clubhaus Unterschlupf gefunden hat? Die Zeit vergeht. Der Regen wird zum dichten grauen Vorhang. Ich schnappe mir einen Schirm und laufe zum Auto, bereit, meinen Sohn zu evakuieren und in eine warme Badewanne zu setzen.

Der Parkplatz des Golfplatzes ist autoleer. Das Clubhaus inklusive Restaurant geschlossen. Claro, es regnet jetzt schon seit mehr als einer Stunde, es ist später Nachmittag ... und am Horizont erkenne ich durch den Regenschleier eine einzelne Figur am Golfplatz: Benedikt! Nass bis auf die Knochen – so viel kann ich auf die Distanz erkennen. Ich winke ihn zu mir; er reagiert nicht. Ich rufe, pfeife unseren Familienpfiff – keine Reaktion. Mit dem Schirm bewaffnet, kämpfe ich mich durch die dicken Tropfen widerwillig näher. Brülle „Komm her!“. Und die Antwort ist ein völlig perplexes „Warum??“.

Diese totale Versunkenheit. Diese totale Konzentration auf eine Sache. Dieses „Die-Welt-rundherum-Vergessen“...

Was bin ich stolz über mein tägliches Multitasking: Handy mit einem wichtigen Geschäftspartner am Ohr, dabei mit schief gelegtem Kopf – der das Handy hält – und Topflappen an den Händen den fertigen Auflauf aus dem Rohr rechtzeitig zum Mittagessen holen. Gleichzeitig überlegen, ob an diesem Tag nicht doch noch eine Freundin aus der Schule zum Mittagessen mitkommt und ob die Milch bis morgen zum Frühstück reicht oder ob ich nicht besser doch vorsichtshalber einkaufen gehe ... Blick auf die neben dem Backrohr befindliche Waschmaschine: Noch 5 Minuten, dann kann ich die Wäsche aufhängen und dann ist sie auch trocken und ich kann ... bevor der Auflauf kalt wird ... In den Hörer ein eifriges: „Ja, ich bin noch dran!“.

„Mutti-tasking“ nennen die beiden deutschen Autorinnen Monika Bittl und Silke Neumayer diese tägliche „Quadratur des Kreises“.

Und ich bin immer richtig stolz, wenn ich NOCH mehr in meinen 24-Stunden-Tag reinquetsche!

Diese totale Versunkenheit. Diese totale Konzentration auf eine Sache. Stundenlang zum Beispiel am Teich sitzen und auf den Schwimmer der Fischangel schauen, während die Wolken sich in immer neuen Formationen im Wasser spiegeln und die Schatten der Bäume langsam wandern. Darum beneide ich unseren Sohn!

Maria Harmer arbeitet als Journalistin beim ORF und darüber hinaus frei – oft auch für „Welt der Frau" – mit Schwerpunkt Religion und Soziales. Sie lebt mit ihrem Mann und zwei Kindern in Wien und genießt mit ihnen die Wochenenden am Land in Oberösterreich und im Burgenland.

Ein bisschen Milch und viel Geborgenheit

Michaela Herzog

Wie man sich fremde Lebewesen vertraut macht –
um das zu lernen, gehe ich bei meinem Sohn in die Lehre.

„Mama, und vergiss nicht hinzuzufügen, dass du, seit du mich hast, Katzen magst", meinte mein 15-jähriger Sohn auf die Frage, ob er einverstanden sei, wenn ich über ihn und mich schreibe.

Oh, ja, Katzen. Von klein auf kenne ich dich als überzeugten Katzenfreund. Bis heute bist du hinter jeder Katze und jedem Kater her, lockst sie, hebst sie manchmal auch gegen ihren Willen auf und nimmst dafür immer wieder Kratzer in Kauf. Ich hingegen bin Katzen von jeher aus dem Weg gegangen. Deshalb auch bei allen unseren Urlauben im Süden die gleiche Diskussion über streunende Katzen. Ich sehe sie als mögliche Krankheitsüberträger für dich. Du findest alle zum Streicheln schön.
Verhungert, zerzaust, mit nur einem halben Ohr schlich sie damals in den Garten unseres Ferienhauses. Scheu und neugierig zugleich. Ich wollte sie verscheuchen, „Mama, lass sie da! Die hat Hunger." Du, damals acht Jahre alt, bist in die Küche gelaufen und hast eine volle Schale mit Milch auf die Terrasse gestellt. Ich widerwillig, du wissbegierig. „Schau, die muss Junge haben", beobachteten wir beide, wie „unsere" Katze sich gierig über die Milch hermachte, uns dabei immer wieder abwägende Blicke zuwarf, bevor sie lautlos in der Dunkelheit verschwand. Ab diesem Abend kam sie pünktlich auf Milch

und Katzenfutter vorbei, das du und ich gemeinsam besorgt hatten. Während dieser 14 Urlaubstage entwickelte sich die Katze dank deiner Pflege zu einem ansehnlichen und zutraulichen Tier. Sogar ich begann mich an unsere Mitbewohnerin, sie kam nun auch tagsüber, zu gewöhnen. Doch deiner Idee „Mama, die nehmen wir mit nach Hause" konnte ich gar nichts abgewinnen.

Für den letzten Abend hattest du einige Extra-Leckerbissen für deine Freundin eingekauft. Zur gewohnten Zeit zwängte sie sich durch die Gitterstäbe der Gartentüre. Doch dieses Mal hatte sie ihre Katzenbabys mit dabei. Sie schubste und kugelte alle vier direkt vor deine Füße. In jeder Hand hieltest du eines ganz nah an deine Wange, während sich die anderen beiden um die Bänder deiner Turnschuhe zu rangeln begannen. Die Katzenmutter ließ dich gewähren, ohne dabei ihre vier Jungen aus den Augen zu lassen. Genau wie ich. Ich beobachtete mein glückliches Kind und war überwältigt von dem großen Vertrauensbeweis der Katzenmutter. „Streichle sie doch mal, Mama", sagtest du zu mir. „Siehst du, wie sie dich mögen!"

Ehrlich gesagt, eine echte Katzenfreundin ist aus mir bis heute nicht geworden. Wesentlich näher geht mir an deinem eingangs zitierten Satz die Formulierung: „Seit du mich hast." Gewichtige Worte, wie leicht von dir dahingesagt. Ich habe dich nicht vor meine Füße gelegt bekommen, sondern deine leibliche Mutter hat dich mir in die Arme gelegt. Damals am Jugendamt. Du warst so leicht und ganz zart. Und doch stark genug zum Leben. Schließlich ein Kilo und 60 Dekagramm schwer, damals, drei Monate nach deiner Geburt. Doch bei Kleidergröße 46, die kleinste Größe in jeder Babyabteilung, musste ich dir die Ärmel mehrmals hochkrempeln. Viel zu groß, viel zu lang. Bis mir eine Freundin die Strampelhosen und Hemdchen von der Babypuppe ihrer Tochter borgte.

„Habe ich da was verpasst?", fragte mich die Verkäuferin in der Wurstabteilung, die mich schon seit Jahren bedient, mit Blick auf meinen Bauch, als ich zum ersten Mal mit Kinderwagen vorfuhr. Nein, ja, ich bin von einem auf den anderen Tag Mutter geworden.

Die erste Herausforderung für mein Muttersein fand in den ersten Wochen nach deiner Adoption statt. Jeden Abend begann sich in dir ein Schluchzen bemerkbar zu machen. Nein, das war kein Schluckauf, sondern das Zeichen für mich, dich sofort in meine Arme zu schließen. Aus dem Schluchzen wurde ein Weinen. Es schien wie in Wogen aus dem ganz Innersten deines kleinen Körpers zu kommen. Schwitzend, mit hochrotem Kopf, deine Augen tränenreich verschleiert, erschütterte dieses Schreien dich und mich. Beide waren wir diesem Ringen ausgeliefert. Es war, als würdest du schreiend um dein Leben kämpfen. Meine Worte erreichten dich nicht, sie konnten dich nicht beruhigen. An mir lag es, dieses Schreien auszuhalten, dich anzunehmen und nicht loszulassen. In meiner Erinnerung dauerte es fast unendlich, bis dein Schreien verebbte und dein Körper sich allmählich wieder beruhigen durfte. Bis dein Atem wieder regelmäßig ging und du in meinen Armen einschlafen konntest.

Ja, liebster Katzenfreund. Seit ich dich habe, beobachte ich, wie du auf alle Menschen neugierig und mit weitem Herzen zugehst. Berührt mich deine Fähigkeit, das Leben mit Freude und Lust so zu nehmen, wie es ist. Es gibt Tage, da lerne ich von dir, auch nach dem Hinfallen einfach wieder aufzustehen. Ganz nach deinem Lebensmotto mit 15 Jahren: „Mama, chill die Basis."

Deine Widerstandsfähigkeit hast du sicherlich von deinen leiblichen Eltern mitgekommen. Alle Unterstützung und Liebe erhältst du von unseren Familien. Du bist mein Glück.

Michaela Herzog ist promovierte Historikerin und seit vielen Jahren journalistische Mitarbeiterin der „Welt der Frau", derzeit Chefin vom Dienst. Seit 15 Jahren gehört zu ihrer Familie ihr Adoptivsohn Roman.

4. Kapitel

So schnell waren sie erwachsen

Das Leben ist keine Excel-Tabelle

Christina Repolust

*Warum es wenig Sinn ergibt, Glücksguthaben anzusparen,
und wie man dem Augenblick die Tür öffnet.*

Als ich 24 Jahre alt war, wusste ich genau, wie und was ich einmal
sein wollte. Das hielt ich auch in einer Art Tagebuch fest: Lektorin
oder auch Lehrerin für deutsche Sprache in Florenz. Siena kam
auch in Betracht. Wer ich war, das wusste ich nicht und ich wusste
nicht einmal, dass ich es nicht wusste. Als sich meine Hormonstö-
rung nicht bessern wollte, suchte ich einen Gynäkologen in meiner
Heimatstadt Lienz auf: Schwanger hieß der Befund. Die Listen, die
ich daraufhin gleich anzulegen begann, misslangen. Das lag nicht
daran, dass es damals noch keine Excel-Listen gab, es lag an mir:
Erstmals in meinem Leben wollte ich etwas planen, das ich nicht
kannte. Wohl hatte ich das Studium in Salzburg geplant, dafür ge-
spart, einen Koffer gepackt und mir Bücher gekauft. Aber wie plane
ich das Leben mit einem Kind, das sehr bald schon Judith hieß?

Damit war es leichter, auch die Befunde „Blutarmut", „Eisenman-
gel", „fehlender Rötelschutz" und „negativer Rhesusfaktor" zu ver-
kraften und erneut Pläne zur Besserung des Blutbildes zu machen.
Ich aß Leber, ich lernte kochen und setzte Sprossensamen an, die
galten auch vor 32 Jahren schon als gesund. Alles ging irgendwie
gut, recht gut sogar. Der Vater des Kindes und ich zogen zusammen,
Babysachen bekamen wir geschenkt oder geborgt. Alles wurde von

mir frisch gewaschen und gebügelt, auf Kante gelegt, so richtig ordentlich, und dann konnte es losgehen.

Die Pläne lagen bereit: Stillen geht so und so, die Geburt soll so und so verlaufen, die erste Vorlesung würde ich nach etwa einer Woche wieder besuchen. Niemand hat mir von der Möglichkeit eines tiefen Dammschnitts erzählt, er war dann einfach eine Tatsache. Aber eines war am 25. April 1983 um 22.30 Uhr vorbei: mein fester Glaube ans Planen. Ich sah sie, Judith, und wusste, ich würde für den Rest des Lebens so stark und gleichzeitig so verletztlich sein, wie ich es nicht einmal in einem Roman hätte lesen können. Also Abschied von der Fantasie, das Leben kontrollieren und so richtig planen zu können. Ein kleines Mädchen lag in seinem Bettchen, schlief vertrauensvoll und ich putzte mir um 16.30 Uhr endlich in Ruhe die Zähne. Ich begriff, dass Vertrauen geschenkt werden kann.

Bis zur Geburt hatte ich alle Seminare und Vorlesungen „erledigt", nun saß ich mit den Büchern daheim und schaute doch am liebsten meine schlafende Tochter an. Sie war ein willensstarkes kleines Mädchen und als sie zu stehen begann, räumte sie die Bücher aus. Habe ich schon erwähnt, dass ich damals all meine Bücher nach dem Geburtsjahr der Autorin, des Autors geordnet hatte? In unserem Wohnzimmer sah man – so man es erkennen wollte – ein Literaturlexikon. Judith scherte das wenig und als wir dann auch noch umzogen, räumte ich die Bücher einfach nach Alphabet ein, die untersten Reihen schlichtete die Zweijährige dann nach Farben um.

Ich wurde toleranter, ich wurde ruhiger, ich wusste allmählich, wer und was ich im Augenblick BIN: überfordert und glücklich, unglücklich, wütend, verzweifelt und dann wieder unsinnig froh, meinem Kind beim Schlafen zuzusehen. Mittlerweile lag in meinem Leben nichts mehr Kante auf Kante, als Orte der Ordnung waren die Bücherregale übrig geblieben. Wir lachten miteinander, ich las Bilderbücher vor, besonders gern die von Janosch, und ich sang sogar für mein Kind. Hatte ich sonst am Abend immer das kritische Selbstverhör „Was hast du heute geleistet?" begonnen, schlief ich nun einfach ein. Die Lateinprüfung hatte ich im vierten Monat absolviert, mit einem Befriedigend und wohl zum ersten Mal in meinem Dasein war mir eine Note ziemlich egal. Na ja, fast egal.

Wenn Judith etwas wollte – einen bestimmten Weg einschlagen, zu ihrer Freundin Olivia gehen, barfuß im Schnee rennen –, dann hatte sie geniale Strategien, dies auch durchzusetzen. Beharrlichkeit zeichnete sie aus und das tiefe Vertrauen, dass ihre Eltern schon nachgeben würden, bald einmal sogar. So geschah es auch meistens, das Lächeln blieb unvergessen, es ging nach besonders zähen Kämpfen oft in ein für so ein kleines Kind unverschämtes Grinsen über. Ein zweijähriges Mädchen lehrte mich Beharrlichkeit ohne Listen, Zielgerichtetheit ohne Notizen und einen tiefen Ernst für die Sachen, die gerade wichtig waren.

Später lehrte mich mein Sohn, Essen zu genießen: Seine Genussfähigkeit erkannte ich beim ersten Anstillen. Es ist Ruhe in meinen strukturierten Alltag eingekehrt, weil ich dem Augenblick die Tür geöffnet habe. Es war nicht mehr sinnlos, mit zwei Kleinkindern spazieren zu gehen, es galt nur, am Abend nicht so müde zu sein, dass sich nicht einige wenige Seiten der Diplomarbeit ausgegangen wären. Beide Kinder haben mir Lebensgenuss gezeigt: Meine Tochter, indem sie immer etwas unternehmen wollte, und mein Sohn, der sich beim Essen, beim Spielen und beim Sinnieren nie aus der Ruhe bringen ließ. Es ist gut gegangen – das empfand ich damals, wenn die Kinder schon schliefen und ich Spielsachen zusammenräumte, unsere kleine Katze Jonas fütterte und die Canzoni der italienischen Liedermacher hörte, ganz ohne Wehmut.

Es war keine Idylle, meine Ehe begann zu bröckeln und schließlich zu zerfallen, aber selbst in dieser Krise schrieb ich keine Listen mehr. Es wird werden, wir werden es schaffen, irgendwie. Da hatte ich noch keine Ahnung davon, dass meine Tochter mit etwa 12 Jahren ihren Unordnungssinn entdecken und kultivieren würde: Heute weiß ich, dass in dem, was für mich wie Chaos aussieht, ihre eigene Ordnung steckt. Um diese Erkenntnis habe ich wohl über zwei Jahre und in unzählbaren Schreiduellen mit ihr gerungen.

Mattias lebte mir Toleranz vor, wie ich sie selber nur nach Selbsterfahrungswochenenden heimbrachte: „Lass die Judith doch in Ruh, ihr Zimmer, das tut dir doch nichts!" Das sagt er mir heute noch, dass ich nicht für jede, jeden und alles im Leben zuständig sei und mich und vielleicht sogar das Leben an sich in Ruhe lassen solle. Es könne funktionieren, gut auf sich zu schauen, dann würden die Mitmenschen schon reagieren: Mattias ist nicht nachtragend, während ich selbst schon manche Kränkung nachhaltig bewahre. Er erinnerte und erinnert mich durch sein Verhalten nur immer wieder daran, dass es auch anders ginge oder geht. Als eine Freundin seiner Schwester ihm alle Deko-Waffeln von der Geburtstagskuchenglasur geklaut hatte, weinte er. Aber er hasste nicht, er weinte um die verschwundenen Waffeln und die hässlichen Löcher in der Schokoladenglasur, ohne nur einmal in Klagen über die Täterin auszubrechen. Eine neue Glasur herzustellen, die alte mit dem Löffel aufessen zu dürfen, das war schon Trost und dann ging es wieder. Er war gerade 10 Jahre alt geworden und hatte mir Trauer wegen einer zerstörten Überraschung gezeigt.

Vielleicht hatte ich meine Trauer zu schnell in Wut verwandelt, nie bin ich als Kind so vor einem Kühlschrank gekniet und hatte etwas beweint, einfach nur geschluchzt. Durch Mattias habe ich weinen und auch trösten gelernt, indem ich einfach da war und nicht sofort mit der Reparatur des Kuchens begann.

Dass mein Leben immer nur gerade jetzt ist, habe ich lange nicht verstanden: Ich kann gut Genuss aufheben und dachte immer, man kann sich auch ein kleines Glücksguthaben ansparen. Mitten im Umzug, auch ich hätte gern meine Espressomaschine gefunden und mich bei einem Espresso ein wenig erholt, spielten Judith und Mattias mit dem alten Bauernhof von Duplo. Beide legten seelenruhig die kleinen Säcke auf das Fließband und kurbelten, einträchtig, selbstvergessen und versunken inmitten der Umzugshelfer, der Kartons und der gestressten Eltern. Sie wollten Saft in der nicht eingerichteten Küche, bauten aus einem leeren Umzugskarton ihr kleines Haus, in dem sie, fünf- und dreijährig, immer wieder Plastiksäckchen auf ein Fließband legten und zum Speicher kurbelten. Saft, Fließband, kurbeln, ein neuer Tag begann und wir alle sind dabei ein wenig ruhiger geworden.

Meine Kinder sind schon vor Jahren ausgezogen. Meine Bücher blieben nach Alphabet geordnet, Excel-Listen nutze ich beruflich, meine Pullover liegen „auf Kante" im Schrank. Aber im Unterschied zum Anfang meiner Geschichte weiß ich heute, dass ich es auch mit weniger Ordnung aushalten kann und die Sicherheit, die ich brauche, nun in mir trage.

Christina Repolust leitet das Referat für Bibliotheken und Leseförderung der Erzdiözese Salzburg, ist Lehrerin für Deutsch als Zweitsprache, Fotografin, Autorin und freie Journalistin. Ihre Tochter Judith ist inzwischen 31 Jahre alt, ihr Sohn Mattias 29.

Des do?

Jutta Berger

Das mit den Erwartungen ist so eine Sache –
es kann auch alles ganz anders kommen ...

Ein Axolotl hat einen Kragen wie ein kleiner Drache und schaut aus wie ein Fisch mit Beinchen. Dieses eigenartige Geschöpf ist ein Schwanzlurch aus der Familie der Querzahnmolche. Den schönen Namen hat das mexikanische Tier von den Azteken, übersetzt soll es „Wassermonstrum" oder „Wasserhund" heißen. Das hab ich vor vielen Jahren gelernt, als der Axolotl täglich Gesprächsthema meiner damals zweijährigen Tochter war.

Anna-Lina schleppte jeden Abend das Tierlexikon an, das mit den bunten Bildern. Sie blätterte und stellte uns Eltern auf die Probe: „Des do??" Wir bestanden die Prüfung meist. Die Frage: „Macht des??", die war schon schwieriger. Doch das Kind quietschte begeistert ob der Grunzbellmauztöne seiner Eltern. Kurz vor der Seite mit dem Wassermonsterhund stieg die Spannung. Die großen blauen Augen auf die Eltern gerichtet, mit dem Finger auf das Foto des unscheinbaren Tieres tippend, wartete das kleine Mädchen auf die Frage aller Fragen: „Wia hoaßt des Tierle, Nini?" Ihre Antwort war jedes Mal Triumph pur: „Axxxxxxxooooooollllotttttlll!!!"
Was war ich stolz. Gerade erst zu reden begonnen und schon merkt sie sich die schwersten Wörter. Spätestens in dieser Phase hatte ich meine erste Lektion als Mutter gelernt: Unterschätze dieses

Mädchen nicht und mache dich auf Überraschungen gefasst. Die erstaunlichsten bereitete sie mir während ihrer Schulzeit.

Ganz im Gegensatz zu ihren reformpädagogisch orientierten Eltern liebte die Volksschülerin ihre erste Lehrerin, eine der alten Schule, innig. Sie schulterte pflichtbewusst und sehr ernst jeden Morgen ihre pinke Schultasche*. Es war im ersten Schuljahr, da stand sie an einem grauen Novembermorgen, kaum war sie von daheim weggegangen, wieder an der Haustüre. Schluchzend. Ich Löwenmutter vermutete böse Buben als Auslöser der Verzweiflung. Aus meiner Sicht war das im späten August geborene Kind ja noch viel zu klein für die Schule. „Der erste verlorene Kampf gegen die großen Buben", dachte ich mir. Zwischen Schluchzen, Schniefen und Luftholen war der Grund der Verzweiflung akustisch nur schwer zu verstehen: „Mama, d'Schual hons zuagsperrt, sie lon mi numma ine." Ich, Schulanfängerin wie die Tochter, hatte nicht gewusst, dass an Allerseelen schulfrei ist, und das arme Kind in die Schule geschickt. Ich lernte: Schul- und Arbeitstage sind selten kompatibel, das System nimmt keine Rücksicht auf berufstätige Eltern. Das Töchterle lernte: Schulfrei haben ist auch nicht schlecht.

Später dann absolvierte sie, die Tochter einer klosterschulgeschädigten Feministin, eine katholische Knödelakademie. Ohne ständige Rauswurfdrohungen, ohne Dreier in Betragen – ganz ohne Dramen, ganz anders als die Mutter. Die daraus den Schluss zog: „Du sollst die eigenen negativen Schulerfahrungen nicht auf dein Kind übertragen." Ich bin meiner Tochter heute noch dankbar, dass sie die Klosterjahre so pragmatisch durchgezogen und mir damit Flashbacks erspart hat. Mein Sohn Vincent hingegen, drei Jahre jünger als seine Schwester, ließ schon sehr früh seine kritische Haltung gegen das Bildungssystem und dessen handelnde Personen erkennen. Rechtzeitig zu seinem Kindergarteneintritt sollte der erste Waldorfkindergarten unserer Region eröffnet werden. Ein Ergebnis jahrelanger hartnäckiger Elterninitiative. Kurz vor Schulbeginn waren letzten Arbeiten angesagt. Der Part unserer Familie war die Anlage der Sandlandschaft. Mit Schaufel und Spaten war der Bub begeistert dabei. Es kam zur ersten, zufälligen Begegnung mit der künftigen Kindergärtnerin. Wir Eltern waren begeistert, das Kindergartenleben unseres Sohnes würde ein gutes werden.

„Die Kindergartentante isch a Nette", sagte ich am Abend zum Vierjährigen. Der schüttelte den Kopf: „Dia isch überhaupt nit nett." „Aber warum denn nicht?" „Dia hot nur mit eu gredat, zu mir hot sie gär nüüt gset." Der kleine Bub hielt mir den Spiegel vor. So seid ihr Erwachsenen, redet über mich, aber nicht mit mir. Baut mir einen Kindergarten und fragt mich nicht, ob ich da auch hingehen will. Und er wollte nicht. Ging dann in den Dorfkindergarten, mit den anderen Kindern aus der Nachbarschaft. Sein gewohntes soziales Umfeld war ihm wichtiger als die pädagogischen Überlegungen seiner Eltern. Aus dem verletzlichen kleinen Buben wurde ein charmanter junger Mann, der wilde Kunststücke auf Skiern macht und schöne Gärten anlegt. „Wenn unsere Söhne bis 30 keine Frau gefunden haben, dann suchen wir ihnen eine", hab ich mit einer Freundin schon vor Jahren vereinbart. Heuer wird er 30. Ich geh nicht auf die Suche, hab ja was aus der Kindergartengeschichte gelernt.

Und meine Tochter, die Pragmatische? Die hat Wirtschaft studiert, war schon gut unterwegs auf dem vorgezeichneten Karriereweg. Dann kurz vor ihrem Dreißiger – mit einigen Burn-outs im Umfeld konfrontiert –, hat sie ihrem Leben einen Dreh gegeben.** Lernte Surfen am Atlantik, reiste in der Holzklasse durch Indien, machte Yoga-Ausbildungen und hat nun ihre eigene kleine Firma. Auf der Reise in der Alten Welt hat sie ihren Mann kennengelernt.

Die beiden leben nun auf zwei Kontinenten. Irgendwann werde ich eine Skype-Oma sein, bei der ein Axolotl, versteckt in einem altmodischen, dicken Buch, auf wissbegierige kleine Besucher wartet.

Nachsatz:
Der Text wurde von meinen Kindern freigegeben. Mit zwei Anmerkungen meiner Tochter:
*Die war aus Leder. Ein klassischer Ranzen. Papa hat den in St. Gallen im WWF-Shop gekauft. In der dritten Klasse habe ich dann einen größeren bekommen. Mit einem schwarz-weißen Kater drauf und lila/grün. Und einmal bin ich mit dem Eskimo-Rucksack, den ich gewonnen habe, zur Schule. Da hat die Kühne euch einen Brief geschrieben ;) Nachtrag: Ich wollte eine pinke! Aus Leder, ebenfalls aus dem WWF- Shop.
**Und über Umwege sind wir doch noch alle Hippies geworden, die Reformpädagogik schätzen, dem Gras gerne beim Wachsen zuschauen, Autoritäten hinterfragen und die Natur lieben. Herrlich.

Jutta Berger *ist Redakteurin der Tageszeitung „Der Standard" und schreibt immer wieder Vorarlberg-Geschichten für „Welt der Frau". Ihre beiden Kinder sind erwachsen. Sie lebt mit ihrem Mann in Bregenz.*

Der 3.333ste Tag

Eva Reithofer-Haidacher

Angeregt reden und unbeschwert schweigen –
worüber man sich als Mutter erwachsener Töchter ehrlich freuen kann.

Es ist ein Samstag, noch gar nicht lange her. Wir sind am Weg nach Marburg, nur wir drei: meine Töchter und ich. Die beiden haben letzte Weihnachten beschlossen, Zeit statt Zeug zu schenken. Ich habe einen Gutschein für einen „Mädels-Ausflug" nach Slowenien mit Fischessen und Kaffee an der Drau bekommen. Nur wir drei auf dem Weg nach Marburg. Einer dieser besonderen und mittlerweile seltenen Momente des Miteinander-Unterwegsseins. Denn meine Töchter sind 24 und 26 Jahre alt, sie führen ihr eigenes Leben – und ich bin noch immer mitten im, manchmal schmerzhaften, Prozess des Loslassens.

Von Graz ist es nicht weit, 60 Kilometer auf der Autobahn. Im Nu sind wir in Spielfeld, an der Grenze. Da ist auch schon der kleine Shop, in dem es die Autobahn-Vignette zu kaufen gibt. Reflexartig greife ich zur Geldtasche. „Mama, du bist eingeladen!", Betonung auf dem letzten Wort, kommt lachend aus zwei Mündern. Sie wissen, die Rolle der Versorgerin sitzt tief und fest. Ich bin dankbar für den Humor, mit dem sie es ertragen, dass ich das Bild meiner zwei kleinen Mädchen noch immer in mir habe.

Mein Gott, das war doch gerade erst. Der unbeschreibliche Moment im Kreißsaal, als der winzig kleine Mensch mit den unendlich zarten Fingern und Zehen endgültig Teil unseres Lebens wurde. Dieses Wunder, das meinem Mann und mir – damals noch sehr jung – eine ganz neue Welt eröffnete. Klar, diese bestand nicht nur aus Sonnenschein: Da waren auch die Schmerzen der Nachwehen, die schlaflosen Nächte, die wunde Brust, die blanken Nerven nach Stunden des Babygeschreis. Und doch stand fest: Dieses Wesen gehört zu uns wie nichts sonst auf der Welt. Das kleine Kind hat uns gelehrt, es bedingungslos anzunehmen. So war es beim ersten und so war es auch beim zweiten.

Jetzt sind die beiden also erwachsen. Sie führen mich in ein Fischlokal am Slomškov-Platz, ganz in der Nähe der alten Kathedrale. Obwohl es erst Anfang April ist, ist es zu heiß, um in der Sonne zu sitzen. Wir suchen uns einen schattigen Platz in dem kleinen Hof. Wir plaudern – über das Wetter, die Liebe, über Politik. Wir haben viele gemeinsame Interessen, der Gesprächsstoff geht uns selten aus. Wieder einmal steht eine große Reise der jüngeren Tochter bevor. Begeistert erzählt sie von der geplanten Route am Landweg über die Türkei, den Iran und Kirgisistan nach Indien. Sechs Monate nimmt sie sich Zeit. Sechs Monate, in denen ich täglich hoffnungsvolle Blicke auf Facebook, Skype und WhatsApp werfen werde. Gibt es ein Lebenszeichen? Wir, ihre Eltern, selbst leidenschaftliche Reisende, würden den jungen Menschen gerne unter unseren Fittichen halten. Gleichzeitig weiß ich, dass diese unbekümmerte Unternehmungslust, die wir miterleben dürfen, auch uns ein Stückchen jünger macht. Ihr Credo ist: „Hab euch in meinem Herzen und Musik in den Taschen – mit so einer Einstellung werd ich alles überleben", wie Thomas D. es so schön im Lied „Rückenwind" singt. Wir versuchen, es auch so zu sehen, und reisen in Gedanken und mit dem Finger auf der Landkarte mit.

Das Essen wird serviert. Fisch für zwei von uns, Nudeln mit Trüffeln für die dritte. Sie ist Vegetarierin, aus Tierliebe. Meine Töchter kennen gottlob keine existenzielle Not. Sie können sich eine postmaterialistische Gesinnung leisten – und tun es auch. Freiheit geht ihnen über Eigentum, Menschenrechte und Tierschutz interessieren sie mehr als Bausparverträge und Pensionsvorsorge. Sie haben das Glück, in einer Zeit zu leben, in der das möglich ist. Und ich bin stolz auf sie. Wie viele wollen, obwohl sie mehr als genug haben, immer noch mehr und mehr?

Der Kellner bringt die Rechnung und diesmal lasse ich es widerstandslos geschehen, dass die jungen Frauen an meiner Seite sie begleichen. Meine ältere Tochter spricht ein paar Worte mit ihm. Sie hat, aus Interesse, Bosnisch-Serbisch-Kroatisch auf der Uni belegt. „Sag doch hvala statt danke", meint sie zu mir. Ich stimme ihr zu und freue mich insgeheim: über ihre Offenheit der Welt und mir gegenüber. Wer sonst sagt einem seine Meinung in den verschiedensten Situationen so direkt und so unbeschwert? Die eigenen Kinder sind ein Spiegel, auf vielerlei Art. Im Guten und im Schlechten.

Es war nicht immer so harmonisch wie an diesem herrlichen Frühlingstag in der Altstadt von Maribor. Auch wir haben sie mitgemacht, die Zeit der Pubertät, als es – wie „Die Ärzte" singen – hieß: „Ich bin dagegen, denn ihr seid dafür. Ich bin dagegen, ich bin nicht so wie ihr." Nicht dass wir je einen besonderen Anpassungs- und Leistungsdruck ausgeübt hätten, dem haben wir uns seinerzeit selbst verweigert. Aber manches sollte, unserer Vorstellung nach, in der Familie geteilt werden. Die leidige Sache mit dem Haushalt zum Beispiel: Mach dein Bett. Räum deine Sachen weg. Kannst du nicht einmal dein Häferl in den Geschirrspüler stellen? In deinem Zimmer werden bald die Ratten hausen undsoweiterundsofort.

Anschließend böse Blicke, Türenknallen. Solche Szenen eines Familienlebens hat es auch bei uns gegeben. Heute, aus sicherer Distanz, frage ich mich: Wann habe ich jemals freudvoll die Hausarbeit getan? Von wem hätten sie es lernen können? Und schließlich bleiben in der Erinnerung nicht der staubfreie Boden und die weggeräumte Schultasche. Wer solche Prioritäten setzt, lebt falsch. Darauf haben mich meine Kinder rechtzeitig aufmerksam gemacht. Was bleibt in der Erinnerung? Das Glück der ersten Schritte, der Zorn über die ungerechte Lehrerin, die gemeinsame Trauer über den Tod des geliebten Hundes, die Freude über bestandene Prüfungen und der geteilte Liebeskummer. Die ganze Skala der Gefühle – auf und ab.

Wir steigen die Stufen einer engen Gasse mit dem Geruch der Jahrhunderte hinunter zum Ufer der Drau. Wir flanieren durch das Stadtviertel Lent, vorbei an der berühmten 400-jährigen Weinrebe. Hier, am Hotspot der Jungen und Urbanen, fühlen wir uns wohl. Die Stimmung an diesem Ort passt zu unserer und wir lassen uns im Gastgarten eines Cafés in Liegestühlen nieder. Wir schauen den Spaziergängern und den Schwänen am saftgrünen Ufer zu und trinken Eiskaffee. Ist nicht das angeregte Gespräch genauso ein Zeichen der Vertrautheit wie das unbeschwerte Schweigen? Meine Gedanken schweifen ab. Ich rechne nach, wie viele Stunden meines und ihres Lebens ich ungefähr mit meinen Kindern verbracht habe – und komme auf sagenhafte 80.000. Umgerechnet 3.333 Tage oder neun Jahre am Stück. Das ist mehr, als ich je mit einem anderen Menschen, einschließlich meinem Mann in unserer dreißigjährigen Beziehung, verbracht habe.

„Mama, gehen wir weiter!", schrecken mich die beiden aus meinem Dösen auf. Sie wollen zurück nach Graz, denn heute steht noch

Ausgehen mit Freunden auf dem Programm. Es ist Samstagabend. Die wertvollen Stunden des Zusammenseins gehen dem Ende zu, bald ist jede von uns wieder in ihrem eigenen Mikrokosmos.

Zum Abschluss laden sie mich noch auf ein Frozen Joghurt in einem kleinen Laden mit Selbstbedienung ein. Zum ersten Mal bediene ich eigenhändig eine Eismaschine und glaube, sie stoppt automatisch. Nichts da, die Creme quillt über den Becherrand und platscht auch schon auf den Boden. Meine Töchter starren mich kurz entgeistert an, um gleich darauf in schallendes Gelächter auszubrechen. Von einem nicht enden wollenden Lachkrampf geschüttelt, machen wir uns auf den Weg zum Parkplatz. Es ist herrlich, Töchter zu haben.

Eva Reithofer-Haidacher lebt in Graz. Sie ist dort für die Öffentlichkeitsarbeit der Lebenshilfe zuständig und arbeitet daneben seit vielen Jahren als freiberufliche Journalistin. Ihre beiden Töchter sind inzwischen erwachsen.

Gelobt sei die Kolanuss!

Astrid Graf-Wintersberger

Klingt politisch wohl nicht ganz korrekt, wenn die Mutter durch Vermittlung ihrer Kinder zu Drogen greift und so ganz neue Möglichkeiten kennenlernt. Aber lesen Sie selbst!

Ich hatte eine Reise nach Wien geplant. Meine Kinder, die keine mehr sind, sondern Jugendliche, fragten, ob ich ihnen eventuell von Querbeet etwas mitbringen könnte. Das kam einigermaßen überraschend für mich, hatte ich doch Querbeet als einen kleinen, aber feinen Laden für gehobenen Gartenbedarf in München in Erinnerung. Man korrigierte mich: Querbeet hätte mit Garten rein gar nichts zu tun, mit Pflanzen schon, aber in einem – nennen wir es – nicht hortikulturellen Sinn. Vielmehr gäbe es bei dem gleichnamigen (Quer Beet geschriebenen) Geschäft in der Neubaugasse im siebten Bezirk Pflanzliches mit bewusstseinsverändernder Wirkung, kurz: legale Drogen.

Ich gehöre einer Generation an, die in ihrer Jugend nicht gekifft hat. Auch die Zahl meiner alkoholbedingten Rauschzustände lässt sich an einer Hand abzählen. Ich sehe darin keinen Grund, stolz zu sein; ebenso wenig habe ich den Eindruck, ernstlich etwas versäumt zu haben. Allerdings kann ich nicht verhehlen, dass mich – als einen Menschen mit Affinitäten zum Botanischen – die Möglichkeit fasziniert, dass man Pflanzen nicht nur anschauen, anbauen, essen und riechen kann, sondern dass sie auch einen nicht unerheblichen Einfluss auf unsere Psyche haben können.

Einmal gab mir das Schicksal einen Wink: Aus dem Hanf im Vogelfutter ging auf meinem Balkon eine stattliche Pflanze auf. Ich beobachtete ihr Heranwachsen mit einiger Neugier. Eine einschlägige Verwertung scheiterte freilich an meinem mangelnden Fachwissen und Google steckte zu dieser Zeit noch in den Kinderschuhen.

Ich machte mich also auf den Weg in die Neubaugasse. Zuvor hatte ich mit meinen Eltern zu Mittag gegessen und erklärt, ich müsse jetzt langsam gehen, um für die Kinder die Drogen zu besorgen. Das kam mir etwas schräg vor.

Das Geschäft erinnerte ein wenig an eine alte Apotheke. Die „Ware" war in vielen Plastiksäckchen in einer Reihe kleiner Schubladen untergebracht. Ich kramte die Einkaufsliste aus meiner Tasche und nannte das Gewünschte. Zuletzt die Kolanuss. Ja, die ist super, sagte der Verkäufer. Die hätte er heute auch schon genommen. Ich fragte nach der Wirkung. Belebend, meinte er, aber anders als Kaffee. Man wird ganz klar und konzentriert im Kopf. Aber es gibt kein Herzrasen, keine Flattrigkeit. Ich nahm auch ein Säckchen für mich mit.

Bei Cola als Getränk hatte ich bislang nie eine bemerkenswerte Wirkung feststellen können. Und jene Energiespender, die angeblich Flügel verleihen, habe ich wegen des abstoßenden Geruchs nie probiert. Die beschriebene Wirkung der geriebenen Nuss klang allerdings verlockend und am Abend hatte sie auch schon ihre erste Bewährungsprobe zu bestehen.

In Wien war die lange Nacht der Museen angesagt. Ich hatte geplant, mit drei Freundinnen hinzugehen, und wir wollten möglichst viele Ausstellungen besuchen. Zuvor gab es ein kleines Abendessen. Ich schlug vor, einer ersten, kleinen Portion Maronischaumsuppe etwas von der Kolanuss beizumengen. Schließlich gilt das Pulver in seinem Ursprungsland Afrika als Symbol der Verbundenheit und wird bei Ritualen, Zeremonien und Feierlichkeiten gemeinsam gegessen. Der zeitgleiche Konsum von Alkohol ist nicht schädlich, was als signifikanter Vorteil anzusehen ist. Ein weiterer machte sich kurz nach dem Essen bemerkbar: Die nach Speis und Trank mitunter einsetzende Bettschwere entfiel.

Wir machten uns auf den Weg zur Albertina. Der Kopf war klar, der Geist wach und reif für Matisse, Helnwein, für ein paar handlungsarme Kurzfilme und für die wunderbar bizarren Gestalten des Puppenspielers Richard Teschner im Theatermuseum: Im Universum des Fin-de-Siècle-Künstlers war bereits alles vertreten, was später Rang und Namen erhalten sollte, von ET, dem Außerirdischen, bis zu den Teletubbies. Weiter ging es ins Kunstforum. Keine von uns schwächelte ernsthaft. Kurz nach elf war eine kleine Stärkung angesagt: Der Kellner im Café Griensteidl machte kein Hehl daraus, dass er seinen Dienst lieber schon beendet hätte und nicht gewillt war, ihn auch nur ein paar Minuten länger zu verrichten; er tat dies mit einer Entschiedenheit, die seinem Auftritt etwas von einer kabarettistischen Performance gab, die ich schließlich mit einem überhöhten Trinkgeld belohnte – die Kolanuss macht nicht nur wach, sondern auch gnädig, eine Nebenwirkung, mit der man leben kann.

Um halb eins wären wir dann noch in der Stimmung für die fleischlastigen Gemälde von Lucian Freud im Kunsthistorischen Museum gewesen. Die Ausstellung wurde an zahlreichen Litfaßsäulen beworben, was den Eindruck erweckte, dass sie schon lief. Doch der Eindruck war trügerisch. So beendeten wir die lange Nacht der Museen eine halbe Stunde, bevor offiziell Schluss war, mit dem Gefühl, wachen Auges außerordentlich viel gesehen zu haben. (Die Lucian-Freud-Ausstellung habe ich mir später – ohne Kolanuss – angeschaut.

Rückblickend erscheint mir, dass sie nach dem Genuss eines doppelten Marillenbrands anständiger Qualität noch besser angekommen wäre.)

Eine weitere Bewährungsprobe erlebte die Kolanuss bei einer sechsstündigen Hamlet-Inszenierung im Burgtheater. Gerade bei Theateraufführungen kann einsetzende Müdigkeit quälend sein. Wenn man nicht eine Loge für sich hat, gibt es wenige Möglichkeiten, ungesehen und unbehelligt einzunicken. Leises Schnarchen, ja selbst der für den Dämmerschlaf charakteristische regelmäßige Atem bleiben nicht lange unbemerkt. Daher wollte ich mich auch nicht ohne die aufputschende Wirkung der Kolanuss zur Faust-II-Aufführung wagen, bei der meine Tochter mitwirkte. Eine weise Entscheidung, wie sich später herausstellte: Aufs Äußerste konzentriert verfolgte ich das mitunter etwas eigenwillige Geschehen, während mein Nachbar, zum Gaudium der hinter ihm Sitzenden, langsam und mit geschlossenen Augen nach vorne sank. (Es wäre interessant zu wissen, womit es zusammenhängt, dass einige Menschen beim öffentlichen Einschlafen regelmäßig nach vorne, andere hingegen nach hinten kippen. Einen Mann/Frau-Unterschied wie beim Pullover-Ausziehen habe ich bislang nicht feststellen können.)

Obwohl ich die segensreiche Wirkung der Kolanuss – die laut Beschreibung „in Afrika von großer sozialer und kultischer Bedeutung ist" – bislang hauptsächlich im Rahmen von großzügig anberaumtem Kulturgenuss erlebt hatte, erscheint es mir beruhigend zu wissen, dass es etwas gibt, das mich zuverlässig wachhält, wenn es denn sein muss. Der Weg zu Quer Beet hatte sich jedenfalls ausgezahlt. Womit wir wieder beim Ausgangspunkt und bei der Frage wären, ob es nicht auch andere „naturgegebene" bewusstseinsverändernde Substanzen gibt, deren positive Wirkungen man nicht unterschätzen sollte.

Über die Problematik der Legalisierung weicher Drogen hatte ich zuvor wenig nachgedacht. Nun schrieb mein Sohn sein Matura-Spezialgebiet in Biologie über Organische Drogen. Ich war zum Korrekturlesen eingeteilt und fand die Materie sehr spannend. Sein Pro-Legalisierungs-Argument, wonach der Besitz von Cannabis für den Eigenbedarf straffrei gestellt werden sollte, weil die damit verbundene Selbstgefährdung als wesentlich geringer einzustufen ist als jene, die von Alkohol ausgeht, erscheint mir plausibel. (Im Übrigen deckt sich seine Ansicht in dieser Frage mit der von US-Präsident Obama.) Generell bin ich der Meinung, dass der Staat die Freiheit des Einzelnen so wenig wie möglich beschränken sollte.

Mein Schlüsselerlebnis in diesem Zusammenhang hatte ich bei Gericht. Ich war zum Schriftführen im Strafrecht eingeteilt; ich hatte also die Aussagen der Vernommenen zu protokollieren, was nicht ganz einfach ist, wenn einem diesbezüglich die Routine fehlt und man einer Generation angehört, die mit „Kurzschrift" eher das verbindet, womit Jugendliche sich per SMS verständigen (etwa: YOLO für You only live once). Zehn Verhandlungen waren anberaumt, ein klarer Fall für die Kolanuss. Sie erfüllte ihren Zweck perfekt: keine Müdigkeitserscheinungen, keine Durchhänger, ein klarer Kopf bis zum Schluss.

Am Ende saß ein junger Mann vor Gericht. Er war nach dem Suchtmittelgesetz angeklagt, weil er Cannabis und Marihuana konsumiert und für seinen eigenen Bedarf produziert hatte. Nicht ein Mal, sondern immer wieder. Er erklärte glaubhaft, dass er an einer Krankheit leide, die schuldmedizinisch nicht zu behandeln sei. Er nannte den Namen und die Symptome: Es klang wirklich nicht gut. Er sagte, sein Arzt habe erklärt, dass es aus seiner Sicht durchaus plausibel sei, dass man bei diesem Leiden mit Cannabis positive

Wirkungen erziele. Ich bin kein Junkie, sagte der junge Mann abschließend. Aber ich brauche das einfach. Sie wissen schon, dass das verboten ist?, fragte der Richter. Ja, das wisse er. Der Richter verhängte ein mildes Urteil. In Fällen wie diesen sollte es meiner Meinung nach erst gar nicht zu einer Anklage kommen.

„Unsere Eltern kiffen mehr als wir, wie soll man rebellieren? / Egal, wo wir hinkommen, unsre Eltern warn schon eher hier / … / und wir sitzen am Feuer, hören zu, was die Alten erzählen", heißt es in dem Song „Zu jung" von Kraftklub. Mitunter kann es sich als Glück erweisen, wenn von der Portion Neugier, die man in seiner Jugend mitbekommen hat, noch etwas übrig ist oder wenn sie zumindest fortbesteht als erneuerbare Energie. Dann können einem auch die Kinder noch etwas erzählen.

Astrid Graf-Wintersberger war viele Jahre als Lektorin in einem renommierten Buchverlag tätig, hat kürzlich ihr Jusstudium abgeschlossen und absolviert derzeit die Gerichtspraxis. Sie ist Mutter zweier Kinder, eines Maturanten und einer Studentin. Sie lebt mit ihrer Familie in Salzburg. Für „Welt der Frau" schreibt sie regelmäßig Buchbesprechungen.

Wir sind euer beider Kinder

Waltraud Prothmann-Seyersbach

Was geschiedene Eltern von ihrer erwachsenen Tochter lernen können?
Beispielsweise, dass es endlich Zeit für die Versöhnung
mit der Vergangenheit ist. Ein Brief.

Lieber Papa,

es regnet und ich bin ganz allein zu Hause. Es ist selten so still bei uns. Lukas ist mit den Kindern ins Hallenbad gefahren. Da wollte ich mich heute eigentlich um kleine Verschönerungen im Haus kümmern und endlich auch das Licht in der Küche austauschen, von dem du neulich sagtest, es wäre so kalt.

Als ich an dich dachte, an deinen aufmerksamen, prüfenden Blick und dein ruhiges, schweigsames Wesen, das mich so selten erraten lässt, was in dir vorgeht, fiel mir unser letztes Treffen im Theatercafé ein. Ich hatte mir fest vorgenommen, dich auf mein Problem anzusprechen. Aber dann erschienen mir weder der Rahmen noch deine zerstreut wirkende Befindlichkeit dazu geeignet. Vielleicht drücke ich mich auch um die direkte Konfrontation, weil sie so viel mehr Mut verlangt?

Ja, und wenn ich dir schreibe, kannst du mich nicht unterbrechen! Ich muss mir nicht sagen lassen, dass ich aus jeder Mücke einen Elefanten mache; dass eh alles nicht so schlimm und vor allem nicht wichtig ist. Für mich, Papa, ist es wichtig.

Und deshalb glaube ich, ist es jetzt an der Zeit, dir das zu sagen. Ob du es hören willst oder nicht; ob du es annehmen kannst oder nicht.

Ich fühle mich erwachsen genug – und für die Wahrhaftigkeit in unserer Beziehung verantwortlich. Weil ich dich wirklich lieb habe, bin ich vielleicht einer der wenigen Menschen, die aus Zuneigung und aus Sehnsucht nach Verbundenheit mit dir Kritik üben dürfen. Hat man nicht auch Kinder, um von ihnen zu lernen? Seit ich selbst welche habe, spüre ich das manchmal, obwohl sie noch so klein sind.

Für die Kluft, die mich von dir trennt, nehme ich jetzt ein Bild zu Hilfe, eine für dich offenbar unbedeutende, für unsere Situation aber symptomatische Szene: Als ich dich und Marie Anfang Juni in diesem kleinen Gastgarten am Mattsee getroffen habe und wir uns bei Eiskaffee und Sachertorte fröhlich unterhielten, kam Mutti auf dem Weg zum Badeplatz zufällig mit dem Fahrrad vorbei. Sie blieb stehen, um euch zu begrüßen. Marie verschränkte die Arme und drehte ihr demonstrativ den Rücken zu. Und du, Papa, tatest so, als wäre unsere Mutter irgendeine beliebige, fremde Frau für dich. Das war peinlich für sie. Aber mir hat es furchtbar wehgetan. Mutti war ganz schnell wieder weg, aber auch unsere Stimmung war dahin. Marie machte noch einige abfällige Bemerkungen und du hast dazu geschwiegen. Noch heute schäme ich mich, dass ich das zugelassen und mehr oder weniger hilflos darüber hinweggesehen habe. Kaum war ich zu Hause, passierte etwas Ähnliches: Mutti ließ sich empört über euer Benehmen aus. Auch das fand ich schrecklich. Natürlich weiß ich, dass ihr beide während und nach der Scheidung gelitten habt. Das war sicher nicht leicht.

Nun seid ihr schon so lange jeder wieder verheiratet. Ist das nicht Zeichen genug dafür, dass sich eure Wege trennen mussten? Sophie und ich sind und bleiben dennoch eure gemeinsamen Kinder. Deshalb kann und will ich eure Unversöhnlichkeit nach so vielen Jahren nicht mehr verstehen.

Zum Glück sind wir jetzt erwachsen. Aber du ahnst vielleicht nicht, wie furchtbar es für uns war, mit euren gegenseitigen Vorwürfen aufzuwachsen. Jeder schob dem anderen die Schuld zu, dass wir keine Familie mehr sind. Und wir konnten uns nicht dagegen wehren. Ach, Papa, bei einigem guten Willen könnten wir – auf irgendeine kreative Weise – vielleicht doch noch irgendwie so etwas Ähnliches sein?

Letztes Wochenende waren wir bei Peter und Moni eingeladen. Unsere Kinder sind so gern in diesem gastfreundlichen Haus. Da kam Peters geschiedene Frau Andrea mit den beiden Buben vorbei. Moni und Peters kleine Tochter sprühte vor Freude und die beiden Großen vergnügten ihre kleine Halbschwester mit dem neuesten Computerspiel. Andrea erzählte spannend von ihrer Brasilienreise mit Thomas und Moni servierte Apfelkuchen. Später lud sie uns alle zusammen noch zum Nachtmahl ein. Ich habe mich in dieser Runde so wohl gefühlt! Zugleich hab' ich mich aber ein bisschen leid gesehen.

Wie gern hätten Sophie und ich eine solche Atmosphäre erlebt: Eltern, die nach der Trennung noch freundlich miteinander umgehen können. Eltern, die hin und wieder bereit sind, ein gemeinsames Fest mit ihren Kindern zu feiern, obwohl sie kein Paar mehr sind. Als unser kleiner Felix neulich fragte: „Warum kommt denn die Omi nie mit unserem Opa zu uns?", da fiel mir nichts Besseres ein als der dumme Satz, dass ihr keine Zeit habt. Felix hat mich ganz groß angeschaut – vielmehr durchschaut – und gesagt: „Aber die haben doch sooo viel Zeit!"

Es ist im Leben nun einmal so, dass ein Familienplan schiefgehen kann – und ich meine, auch darf. Jede Verbindung birgt dieses Risiko. Die Möglichkeit und Gefahr, dass uns die Liebe abhanden kommt, existiert immer. Lukas und ich sind uns dessen bewusst. Selbst wenn man sich bindet und Kinder bekommt; auch wenn man sich das natürlich nie wünscht und oft überhaupt nicht vorstellen kann.

Aber, lieber Papa, könnt ihr nicht uns zuliebe lernen, den ehemals liebsten Menschen – das ward ihr doch einmal füreinander? – nach einer Zeit der Heilung auf eine anständige Weise zu achten? Auch wenn ihr enttäuscht und verletzt wurdet?

Papa, fühlst du denn gar keine Zufriedenheit oder ein kleines bisschen Dankbarkeit für diese vergangene Zeit, weil es doch Sophie und mich seither gibt? Konnte dich auch die Heirat mit Marie nicht besänftigen? An Maries Stelle wäre ich eigentlich beleidigt, dass du deiner Exfrau die Scheidung noch übel nimmst. Und ich frag' mich, wie es Muttis Mann mit diesem merkwürdigen alten Zorn auf dich gehen mag.

Wenn Sophie und ich in den Schulferien bei euch waren, konnten wir uns nie ganz frei und unbeschwert fühlen: Wir mussten dauernd auf der Hut sein, dass wir Mutti und Tino nicht gedankenlos erwähnten, weil das sogleich ein betretenes Schweigen auslöste. Hatte ich Heimweh, dann hat euch das persönlich beleidigt. Ich durfte nur nachts im Bett heimlich weinen. In diesen Fällen schlüpfte Sophie, die so viel tapferer war als ich, unter meine Decke, nahm mich in die Arme und tröstete mich.

Ich erinnere mich noch genau an diesen schwülen, gewittrigen Spätnachmittag am Wörthersee. Wir waren erst am selben Morgen in eurer Pension angekommen. Alles war fremd, aber ich freute mich sehr auf dich. Du hattest versprochen, mir das Wasserskifahren beizubringen. Dann warst du plötzlich verschwunden. Im gut gemeinten, aber sicher ungeschickten Glauben, es mir dadurch leichter zu machen, hattest du dich nicht verabschiedet. Erst viel später erfuhr ich, dass du für einen erkrankten Piloten einspringen und einen Lufthansa-Flug nach London übernehmen musstest.

Marie war damals deine neue Freundin. Sophie und ich kannten sie kaum. Plötzlich waren wir mit ihr allein. Gegen Abend bekam ich ja immer ein bisschen Heimweh. Aber an diesem Abend war es schlimmer als sonst und du hast mir besonders gefehlt. Als ich dann noch mit dem Fahrrad stürzte und mir die Knie blutig schlug, war es um mich geschehen. Ich wollte nur noch nach Hause. Marie war empört, wie undankbar ich sei. Dass ich so kostspielige Ferien am See gar nicht verdiene, weil ich mich wie ein Baby benähme, das an Mamis Rockzipfel hinge. Sophie, so viel älter als ich, stand eingeschüchtert und hilflos daneben. Nie werde ich das Gefühl von grenzenloser Einsamkeit und Verlassenheit vergessen.

Meine größte Beklemmung bestand eigentlich immer darin, dass ich bei euch nicht traurig sein durfte. Es hat euch bedroht und gekränkt, wenn ich nach Hause wollte.

Oft war es auch schön bei euch. Aber wenn ich dann nach Hause kam, wollte Mutti das nicht hören. Auch sie hat plötzlich geschwiegen, wenn wir etwas Lustiges bei euch erlebt haben und es ihr so gern erzählen wollten.

Alles ist so lange her, aber ich bin immer noch nicht ganz darüber hinweg. Heute freue ich mich darauf, dich zu sehen. Aber ich möchte nicht mehr hören, wie es dir mit Mutti und ihr mit dir ergangen ist. Kannst du das verstehen? Es geht mich nichts an, ob du zu lange von zu Hause fort warst, ob ihr wenig miteinander teilen konntet oder wer wann dem neuen Partner begegnet ist. Dass eure Situation unausweichlich war, das zeigt ja ohnehin die Wirklichkeit.

Es ist kein Verbrechen, Papa, dass euch das passiert ist. Es gehört zum Leben. Auch wenn es schmerzt, nicht nur euch, sondern auch uns. Aber eure Kinder habt ihr deshalb nicht verloren! Stoßt uns mit eurem alten Gram nicht von euch weg: Denn wenn ihr übereinander herzieht, ertragen wir das nur sehr schwer.

Vielleicht geht es auch Marie nicht gut damit? Ich weiß nicht, ob sie in ihrer früheren Ehe keine Kinder bekommen konnte oder ob sie nie welche wollte. Aber heute begreife ich, was ihr zugemutet wurde: Wann immer du dein Besuchsrecht in Anspruch genommen hast, ließ sie sich in die Rolle einer Ersatzmutter drängen. Marie hatte uns zu versorgen, wenn du im Ausland warst, uns zu beaufsichtigen, wenn du dich auf dem Tennisplatz oder in der Sauna entspannen musstest. Stundenlang hatten wir still im Café neben ihr zu sitzen und zu zeichnen, während sie lustlos in Illustrierten blätterte. Hat sie deshalb eine Wut auf Mutti? Sie war in dich verliebt, wollte deine Freundin und Lebensgefährtin sein, hatte aber sicher keine Lust, mit deinen Kindern behelligt zu werden. In Wahrheit konnte sie nichts mit uns anfangen. Das hat sie dir verschwiegen, um dich zu gewinnen.

Und so hat sie wohl viel gemacht, was sie eigentlich gar nicht wollte. Wir bekamen das zu spüren. Hat dich nicht erschreckt, was sie neulich sagte? „Wenn euer Vater diesen schweren Unfall nicht gehabt hätte, wäre ich nicht bei ihm geblieben." Sie hat dich liebevoll gesund gepflegt und lebt bestimmt nicht nur aus Pflichterfüllung mit dir. Diese Bitterkeit kann nur aus der Überforderung stammen, die du ihr zugemutet hast. Du hast von deinen Frauen vielleicht zu viel verlangt, Papa?

Lieber Papa, ich bitte dich jetzt, mich zu verstehen, und wenn ich am Wochenende Mutti besuche, werde ich auch sie darum bitten: Ich möchte kein Ventil für eure lange zurückliegenden Kränkungen mehr sein. Ich wünsche mir, dass du und deine Frau unsere Mutter und ihren Mann achtet. Und dass auch sie euch freundlicher entgegenkommen. Dass ihr in Hinkunft auf alle herabwürdigenden Bemerkungen verzichtet. Und wie schön wäre es, wenn ihr den alten Koffer mit den verstaubten Geschichten nicht nur uns zuliebe, sondern auch um euretwillen abstellen könntet, um beschwingt mit uns weiterzugehen!

Wie auch immer – Lukas und ich werden nicht zulassen, dass es unseren Kindern so ergeht wie einst Sophie und mir: Dass sie sich schuldig fühlen, schämen oder traurig sein müssen, weil sie beim einen Opa nicht über den anderen sprechen sollten; dass sie verschweigen und verbergen müssen, was sie mit ihrer Omi Schönes und Aufregendes erlebt haben, obwohl sie es dir gern voller Begeisterung erzählen würden. Das werden wir nicht zulassen! Und so alt könnt ihr gar nicht werden, dass ich euch nicht immer wieder bitte, mir, Sophie und euren Enkelkindern ein gutes Bild von unseren Eltern zu gönnen.

Papa, ich habe dich immer lieb gehabt. Und ich bin auch Muttis Tochter. Was mich früher verletzt und mir so wehgetan hat, macht mich heute eher wütend: Denn wenn ihr einander erniedrigt, tut ihr das fortwährend auch Sophie und mir an. Wir sind und bleiben eure gemeinsamen Töchter, das ist nicht rückgängig zu machen.

Deshalb, lieber Papa, entscheide dich bitte für den versöhnlichen Weg mit unserer Mutter und sorge dafür, dass Marie, deine Frau, ihn mitgehen kann. Denn nur so können wir aufrichtig verbunden bleiben und vielleicht auch noch viel und gern voneinander lernen.

Herzliche Umarmung,
deine Eva

Waltraud Prothmann-Seyersbach lebt und arbeitet als freie Journalistin und Kommunikationspädagogin in Salzburg. Sie ist aus erster Ehe Mutter zweier erwachsener Töchter.

5. Kapitel

Und die Enkel?

Schau, a Wukale!

Bärbl Gläser

Das erste Enkelkind ist für Großeltern immer ein kleines Wunder.
Bleibt es das einzige, wird aus dem Kind schnell ein Wunderkind.

Da unsere Tochter ganz in der Nähe wohnt, wurden wir zu unserem Glück früh als Babysitter engagiert und durften hautnah an der Entwicklung unseres „Wunderkindes" teilhaben. Der Bub war oft bei uns und betrachtete das Haus seiner Großeltern bald als zweites Zuhause. Es war uns vergönnt mitzuerleben, wie er die Welt entdeckte, und ihm dabei zu helfen, seinen Platz in ihrem sozialen Gefüge zu finden. Mein Mann und ich empfanden den kleinen Kerl als große Bereicherung unseres Lebens. Denn hin und wieder war er es, der uns Erwachsenen etwas beibrachte. Zum Beispiel die Sache mit dem „Wukale".

Erwachsene lernen aus Büchern, kleine Kinder aus Bilderbüchern. Unser Enkel Erik, noch nicht ganz zwei Jahre alt, liebt Bilderbücher. Besonders solche, in denen neben Autos, Traktoren, Baukränen, Baggern und Tieren noch andere Details zu sehen sind. Nichts entgeht ihm. Er kennt auf jeder Seite alle „Bümchen", „Vogi", „Tatzis", „Frosche" und „Metterlinge". Noch ist der Text in den Büchern nicht so wichtig, sein beharrliches Suchen und jauchzendes Wiederfinden der Bilder verkürzt die Zeit vor dem Schlafengehen und macht auch den Erwachsenen Spaß.

Erik besitzt eine Menge Bilderbücher. Zu Hause und bei den Großeltern. Oma besorgt zur Abwechslung ein Memory-Spiel. Auch da gibt es viel zu entdecken. Erik findet die klaren Formen auf den Kärtchen anziehend und entwickelt sein eigenes Memory-Spiel. Er sucht zuerst die Karten mit ihm bekannten Motiven und benennt triumphierend die Gegenstände. Karten, die ihn gar nicht interessieren, wandern unbeachtet in eine Ecke. Kärtchen mit ihm unbekannten, aber doch irgendwie interessant erscheinenden Motiven hält er fragend der Oma oder dem Opa unter die Nase: „Daaas???" So erweitert er seine Kenntnisse von der Welt und nebenbei auch seinen Wortschatz. Zugegeben, das war auch der pädagogische Hintergedanke beim Kauf des Spiels.

Erik kletzelt zwei gleiche Karten aus der Schachtel und kommt damit zum Opa. Ein roter Doppeldecker ist darauf abgebildet. „Ah, ein Flugzeug!", sagt Opa. Erik studiert beide Karten eingehend und überlegt. „Wuki", sagt er dann. „Nein, ein Flugzeug!", beharrt der Großvater. „Wuki", kontert der Enkel. – Wieso „Wuki"? Oma weiß es auch nicht, nimmt's aber gelassener. Aller Anfang ist schwer und Erik der Sprache noch nicht so ganz mächtig. Sollen doch die Flugzeuge vorläufig – warum auch immer – „Wuki" heißen. Der Bub wird das richtige Wort schon noch lernen.

Wenig später ein neues Spiel: Erik erkennt das Flugzeug auf der Karte und ruft sofort: „Wuki!" Er ist sich ganz sicher. Voll Freude tanzt er mit der Karte in der Hand im Kreis und singt: „Wuki, Wuki, Wukale, Wukale!" Kein Versuch einer pädagogischen Einmischung, keine wohlwollende Wortfindungshilfe der Erwachsenen kann ihn beirren. Er weiß ganz genau, was er sieht. „Wukale" eben.

Auch am Himmel gibt es „Wukale", wie Erik von seinem Buggy aus bei der nächsten Spazierfahrt feststellt. Nicht weiter verwunderlich.

Da wir in der erweiterten Einflugschneise eines Flughafens wohnen, taucht immer irgendwo am Himmel ein Flugzeug auf, dem der Kleine aufmerksam nachschaut und fröhlich „Wuki"! nachruft.

Im Memory-Spiel hat Erik inzwischen die Karten mit der Lokomotive entdeckt: „Sug" säuselt er und ergänzt gleich darauf freudig: „A Wukale, a Wukale!" – „Eeeerik!" Die Großeltern sind irritiert. Erik kennt Loks, im Klein- und im Großformat! Über Lokomotiven wird ihm auch später schwerlich jemand Neues erzählen können. Er wird schon alles wissen. Der eine Großvater ist begeisterter Modelleisenbahnsammler, der andere von Beruf Lokführer. Aber über „Wukale" wissen beide nichts.

Einen Moment lang zweifelt die Oma, ob der Bub wirklich so besonders clever ist, wie sie immer meint. Aber wirklich nur einen Moment! Erik schwenkt bereits eine neue Karte mit einem Dampfer darauf. Sachkundig sagt er: „Sssiff!" Dann bohrt er seinen Würstelfinger in die Abbildung des Dampfers und verkündet: „Wukale!"

Oma sucht nach einer Erklärung und findet sie nach langem, kompliziertem Nachdenken freudig erregt: Ihr Enkel ist doch ein ganz gescheites Kind! Eine tolle Denkleistung, und das in seinem Alter! Zweifellos hat Erik irgendwie erkannt, dass alle drei Gegenstände zur Fortbewegung dienen. Und die heißt bei ihm eben „Wukale"! Warum? Wir wissen es noch nicht. Geklärt ist damit allerdings nicht, warum für Erik Fahrräder nicht in diese Kategorie fallen, andererseits aber die Möbelfabrik am Rande unseres Ortes, an der wir beim Spazierengehen vorüberkommen, die Kriterien für eine „Wukale"-Zertifizierung ab und zu erfüllt. Auch das werden wir herausfinden. Schließlich haben wir auch herausgefunden, warum Erik zum Telefonhörer in der Wohnung der Großeltern „Gläser" sagt. „Oma! Der Gläser!", ruft er, wenn das Telefon läutet. – Völlig logisch! Jeder, der in diesem Haus den Telefonhörer zur Hand nimmt, sagt: „Gläser. Grüß Gott!" oder „Hier Gläser!" Reaktionen auf den etwas ungewöhnlichen Familiennamen gaben schon öfter zum Schmunzeln Anlass.

Sonntagnachmittag. Opa schaut im Fernsehen einen alten Film an. „Tierärztin" Uschi Glas rumpelt in Afrika mit dem Mann, den sie aller Widerstände zum Trotz später heiraten wird, in einem alten Doppeldecker über die Serengeti. Das Flugzeug schaut genauso aus wie das auf dem Memory. – „Erik, komm' her! Schau, ein Flugzeug!"

Erik, müde vom Gartenrundgang mit Oma, hat sich auf dem Lieblingspolster am Boden zusammengerollt. Er robbt zum Fernseher, hält den Kopf schief und malt mit der Hand die Kreise nach, in denen sich das Flugzeug in die Luft schraubt. Eben hat der Doppeldecker die höchsten Bäume der Savanne unter sich gelassen und taucht in den blauen, leicht bewölkten Himmel ein. „Wukale! Wukale!", schreit Erik aufgeregt. Er rennt zu seiner Spielzeugkiste, kramt die Memory-Schachtel hervor, sucht hektisch nach dem Flugzeug, dann nach dem Zug und dem Dampfer und legt alle Karten auf den Tisch. So, als sei jetzt endlich die Gelegenheit, etwas ein für alle Mal zu klären. „Wukale!", sagt er wieder, nickt dazu bestimmend, deutet auf die Karten und dann auf den Fernseher, der längst schon wieder ein anderes Bild zeigt.

Da nimmt Oma die Karten in die Hand und schaut sie diesmal ganz genau an. Ein kleiner, pickiger Zeigefinger tippt neben das Flugzeug: „Wukale!" Tatsächlich! Neben dem Flugzeug sind drei kleine Wölkchen abgebildet. Und der Dampfer und die Lokomotive stoßen Dampfwölkchen aus.

Diese „Wukale" sind für Erik genauso wichtig und erwähnenswert wie das Hauptmotiv. Wie engstirnig Erwachsene doch die Welt betrachten können. Besonders dann, wenn sie von pädagogischem Eifer beseelt sind.

Bärbl Gläser ist Journalistin und Autorin und war von 1985 bis 1993 Chefredakteurin der „Welt der Frau". Damals war ihre Tochter Alexandra noch ein Teenager. Inzwischen ist sie verheiratet und Enkelsohn Erik hat sich zur Familie gesellt.

Vom Nest aus die Zugvögel lieben

Fulbert Steffensky

Eine neue Generation mit neuem Lebensstil:
Als Großvater kann man hervorragend
von den Experten des Experimentierens lernen.

In den „Sprüchen Salomos" (4, 1-2) lese ich eine Grundregel der alten Welten: „Hört, meine Söhne, die Mahnung eures Vaters; merkt auf, dass ihr lernt und klug werdet! Denn ich gebe euch eine gute Lehre; verlasst meine Weisung nicht!" Warum sollte man in jenen Welten auf die Lehren der Väter und Mütter hören? Weil die Alten am längsten gelebt haben; am längsten das Wetter beobachtet, den Acker bebaut, die Tiere gepflegt, die Nahrung konserviert und die Kinder erzogen haben. Diese Welten veränderten sich kaum. Was gestern gegolten hatte, galt auch heute und morgen. Wissen war Erfahrungswissen. Wer am längsten gelebt hatte, hatte das Wissen jener unveränderlichen Zeiten gespeichert. Gehorsam war die Grundtugend jener Zeit. Denn es war vernünftig, auf jene zu hören, die am längsten Wissen und Erfahrung gehortet hatten. Die „Väter und Mütter" hatten ein Wissen, dem die „Söhne und Töchter" wenig entgegenzusetzen imstande waren. Das Wissen der Alten war aus der Vergangenheit in die Gegenwart gerettet.

Gilt diese Form des Wissens noch? Ganz überholt wird es wohl nie sein und die Kinder lernen immer noch von ihren Vätern und Müttern. Aber es ist eine neue Form des Wissens und der Lebensaneignung entstanden: das Wissen aus dem Experiment. Nicht mehr die Tradition mit ihren unveränderlichen Regeln lehrt uns zu leben, sondern das Experiment. Experten des Experimentes sind aber nicht wir Alten, sondern unsere Kinder und Enkel. Wissen war in der alten Gesellschaft immer altes und überliefertes Wissen. Wissen aus dem Experiment bedeutet nun neues, bisher nicht bekanntes Wissen.

Die Alten haben es nicht leicht mit dieser neuen Situation, weil ihre „natürliche" Autorität angetastet wird. Wir kennen es aus der Situation von Einwanderern. Besonders die Väter aus Ländern mit stark patriarchalen Traditionen tun sich schwer damit, dass ihre Kinder die Sprache im neuen Land schneller lernen als sie und dass die Kinder ihre Sprachlehrerinnen und -lehrer werden; dass sogar die Enkel für sie vor der Steuerbehörde oder der Polizei dolmetschen müssen. Es verstört ihr Weltbild, sie fühlen sich entwertet und dies ist bei vielen oft ein Moment starker psychischer Belastung. Sie spüren nicht selten, dass sich die Kinder der schlechten Sprache ihrer Eltern schämen. Wir waren einige Zeit in New York, die Kinder lernten Englisch viel rascher als wir und es war offensichtlich, dass sie sich unserer plumpen Sprache schämten. (Ich habe es mit Heiterkeit überstanden!)

Was also lerne ich von meinen Kindern, mehr noch von meinen Enkeln? Etwas, was den Alten sofort einleuchtet: Wir alle lernen von unseren Nachkommen die neuen technischen Welten. Wenn mein Computer bockt, rufe ich meine Enkelin. Es ist nicht nur so, dass sie schneller den Fehler (meinen oder den des PC) findet; sie versteht die Welt der technischen Geräte besser. Ich kann notfalls den Umgang lernen, die Bedienung, aber ich verstehe die Hintergründe und Gesetze jener fremden Welt nicht oder doch viel weniger als sie. Es entsteht etwas, womit die Alten nicht ganz leicht fertig werden: Mitleid mit ihnen. Wer von uns Alten kennt nicht das mitleidige Lächeln der Enkel, wenn sie uns in neue Geräte einführen oder sie für uns wieder verfügbar machen? Je besser wir mit unseren Enkeln dran sind, umso mehr Humor haben wir mit unserem eigenen Unvermögen.

Es sind aber nicht nur die technischen Welten, die sich verändert haben und in denen die Kinder meine Meister und Meisterinnen sind. Ihre Lebenswelten sind andere und ich versuche zu beschreiben, was sie mich lehren.

Sie führen uns vor Augen, dass es nicht nur eine Heimat gibt. Meine Generation lebte in der Welt der Nesthocker. Wir blieben meistens in der Gegend, in der wir geboren waren; in dem Beruf, den wir einmal gewählt hatten, und in dem Glauben, in dem wir erzogen wurden. In der Treue zu unseren Herkünften und zu den einmal getroffenen Wahlen empfanden wir Heimat. „Bleibe im Land und nähre dich redlich!", war unsere Devise, bleibt unsere Tugend. Unsere Kinder sind Nestflüchter. Sie lehren uns, dass man fliegen kann, nicht nur hocken. Ich nehme ein Beispiel: Als ich 35 Jahre alt war, bin ich aus der katholische Kirche aus- und in die evangelische eingetreten. Für mich war es kein existentieller Schritt, wohl aber für die alte Welt, in der ich lebte. Es war ein Skandal. Vor einiger Zeit ist eine Nichte von mir denselben Weg gegangen und niemand mehr hat sich groß darüber aufgeregt. Für unsere Kinder – und spätestens für die Enkel – sind Wechsel, Zeitweiligkeit und Ausprobieren selbstverständlich geworden. Ein Wechsel der Berufe, der Beziehungen und der Orte wird für sie leichter. Sie kennen etwa kaum noch in der alten Dramatik das Heimweh, die alte Krankheit der Nesthocker. Ich weiß nicht, ob ich selbst ihre Ungebundenheit noch nachvollziehen kann. Aber ich kann zumindest lernen, dass es andere Lebensweisen gibt, als wir gewohnt waren. Ich lerne, sie zu lassen; die Haupttugend, die wir Alten zu lernen haben. Gelegentlich aber rufe ich den Zugvögeln nach: Überall kann man nicht zu Hause sein. Verfliegt euch nicht ins Nirgendwo!

Unsere Kinder lehren uns, mit den Unberechenbarkeiten des Lebens zu rechnen. Ich habe eine Enkeltochter, in Deutschland geboren, in Bolivien aufgewachsen, studiert sie in der Schweiz Theaterwissenschaft. Ich frage sie: Welchen Beruf strebst du damit an? Sie lächelt überlegen und hält dies für eine Frage aus alten Zeiten: Man studiert, ergreift einen Beruf, kann sich ausrechnen, wann man pensioniert wird und wie hoch die Pension ist. Das alles weiß sie nicht. Sie weiß auch nicht, ob sie bei diesem Studium je in einem Beruf Arbeit bekommt. Diese Offenheit der beruflichen Zukunft kümmert sie wenig. Sie kann sich auch vorstellen, auf einer Schweizer Alm Käse zu machen, wenn sie sonst nichts findet. Gewiss, es ist ja nicht nur ihre Wahl, dass die jungen Menschen ihre berufliche Zukunft so wenig absehen können. Es ist ihr gesellschaftliches Schicksal. Aber was ich bewundere, ist, wie furchtlos sie mit ihren größeren Lebensschicksalen umgehen.

Unsere Kinder leben uns vor, gesellschaftlichen Zwängen gegenüber freier zu sein. Eine Hauptfrage meiner alten Welt war: „Was sagen die Leute?" Was sagen die Leute, wenn du nicht proper bekleidet bist; wenn du nicht den vorgeschriebenen sexuellen Regeln folgst; wenn du nicht denkst, lebst, liebst, wie „man" denkt, lebt und liebt? In meiner alten Welt stand man immer vor dem Gericht der öffentlichen Meinung, die einem befahl, wer und wie man sein sollte. Diese Öffentlichkeit war nicht nur draußen. Man hatte sie lange verinnerlicht, sie versuchte, unser Gewissen zu ersetzen. Wir lebten in einer Schamkultur. Man schämte sich nicht nur vor sich selbst, man schämte sich vor allem vor der Öffentlichkeit, die einen sah und aburteilte. Das ist bei meinen Kindern anders und man kann ihnen mit dem Satz „Was sagen die Leute" kaum noch kommen. Sie sind freier, vielleicht auch einsamer, weil sie kein anderes Forum mehr kennen als das eigene Gewissen.

Kann ich selbst, kann meine Generation diese Freiheit noch lernen? Ich weiß es nicht. Die kulturellen Prägungen, die man in Jugend und Kindheit erfahren hat, sitzen tief. Die Art meiner Kinder lehrt mich, sie zu durchschauen. Man ist damit den alten Prägungen nicht mehr völlig ausgeliefert, aber das heißt noch nicht, dass man von ihnen befreit ist.

Am Ende die bange Frage eines alten Menschen: Was haben wir unseren Kindern eigentlich vermacht? Es ist nicht nur eine persönliche Frage, sondern die Frage an meine Generation. Es ist eine Bußfrage an uns Alte. Ein Mensch ist ein Wesen, das die Namen seiner Großeltern kennt und für seine Enkelkinder sorgt. Wie haben wir für unsere Kinder und Enkel vorgesorgt? Was haben wir ihnen vorenthalten? Ich frage nicht, was ich meinen Nachkommen an Hab und Gut hinterlasse, sondern welche Welt sie von uns erben. Werden sie reines Wasser zum Trinken haben? Haben wir die Böden so überdüngt und zerstört, dass sie krank werden an den Früchten der Erde? Haben wir ihre Landschaften so zersiedelt, dass sie den Trost der Natur nicht mehr kennen? Hinterlassen wir ihnen eine bewohnbare Stätte? „Die anderen sind dein Gerichtshof." (Pascal Mercier) Wir sind der Gerichtshof unserer Nachkommen mit den Lasten, die wir ihnen hinterlassen und ihnen auferlegen. Wir setzen sie gefangen in den Bannkreis unseres Versagens und unserer Schuld. „Unsere Vorfahren haben gesündigt, sie sind nicht mehr, aber wir tragen ihre Schuld", klagt der Prophet Jeremia. Unsere Enkelkinder müssen uns vergeben. Wir stehen in ihrer Schuld und sie erben unsere Schulden. Das zu wissen ist die beste Voraussetzung, mit ihnen in Frieden zu leben.

In archaischen Gesellschaften, in denen die Alten ungeschützt und der Gnade der Jungen ausgeliefert waren, haben die ethischen Gebote für sie plädiert. „Ehre deinen Vater und deine Mutter, auf dass du lange lebst auf dem Boden, den der Ewige, dein Gott, dir gibt!“, heißt es im Dekalog der hebräischen Bibel. In unseren Zeiten, in der die Zukunft der kommenden Generationen so ungewiss ist, soll es heißen: Ehre deine Kinder und Kindeskinder, die der Ewige dir gegeben hat, dass sie eine Erde finden, auf der sie atmen und arbeiten können; auf der sie glücklich sein und Gott anbeten können! Sorge für sie und führe nicht Krieg gegen deine eigenen Nachkommen! Die Saat von heute ist das Brot für morgen. Es gilt auch umgekehrt: Der verdorbene Samen von heute ist der Hunger von morgen.

Fulbert Steffensky ist emeritierter Erziehungswissenschafter und lebt als freier Autor und Publizist in Luzern, Schweiz. Aus seiner Ehe mit der Theologin Dorothee Sölle ist er Vater einer leiblichen Tochter und dreier angeheirateter Kinder.

Wir empfehlen Ihnen weiters die von Christine Haiden
in der „Welt der Frau"-Edition herausgegebenen Bücher:

Neue Wege – 17 Pilgerrouten, die verändern
Kraftquelle Pilgern – Ein persönlicher Wegbegleiter
Hardcover, 120 Seiten

Alle Tage Mut
Anregungen und Impulse für mehr Lebensenergie
Text: Susanne Niemeyer, Fotografie: Alexandra Grill
Hardcover, 152 Seiten

Ja! Ein Trostbuch
Text: Susanne Niemeyer, Illustration: Ariane Camus
Hardcover, 144 Seiten

Julia Evers
FLASCHERLPOST

Wie sag ich's meinem Chef? Neun Monate
kommt das Kind – wann geht es? Und was
macht man eigentlich, wenn man nach
Monaten im Dienste des Nachwuchses
plötzlich mit einem Nachmittag Freizeit
konfrontiert ist?

Journalistin Julia Evers hat das Abenteuer
Schwangerschaft und Baby gewagt und
ihre Erfahrungen niedergeschrieben:
unmittelbar, ehrlich und vor allem
mit einer großen Portion Humor. Vom
Hebammen-Casting über das Verschwinden
der Schamgefühle als Still-Mama bis hin
zu Dinkelstangen schwingenden Super-
müttern – in jeder „Flascherlpost" versteckt sich Erste Hilfe für werdende Eltern.
Zum Mitfiebern, Mitlachen und Mitfreuen.

Anna Maria Kalcher
Karin Lauermann (Hg.)
VORBILDER
Erziehen wohin?

„Vorbilder" sind auf einmal wieder viel
diskutiertes Thema der Pädagogik und
ihrer Bezugsdisziplinen. Vorbilder verfügen
über ein Voraus an Erfahrung und Kom-
petenz und können starke motivierende
Kräfte freisetzen. Sie repräsentieren Ein-
stellungen und Verhalten, aber sie drängen
nicht auf Nachvollzug.

Diese Aufsatzsammlung nähert sich der
Thematik „Vorbilder" aus unterschiedlichen
Disziplinen. Expertinnen und Experten aus
Erziehungswissenschaft, Psychologie,
Jugendforschung und Soziologie beleuchten
wesentliche Aspekte und geben wertvolle
Impulse.

160 Seiten
Hardcover
€ 19,95
ISBN 978-3-7025-0728-2

128 Seiten
Softcover
€ 23,00
ISBN 978-3-7025-0752-7